生活台灣㉗

七〇年代
理想繼續燃燒

楊澤◎主編

ISBN 957-13-1474-9

〈序〉有關年代與世代的

／楊澤

a.誰殺了甘迺迪？

也許你記得一九九二年的美國電影《誰殺了甘迺迪？》。據導演宣稱，電影要做的，是爲甘迺迪，爲當代美國來招魂。但，相信我，對於稍早我在美東教過的年輕大學生而言（大抵爲一九七〇年代後半出生者），甘迺迪極可能又是一個「並不十分清楚，但不十分關心」的歷史人物；頂多是——留名紐約國際機場、一度入主白宮——饒有權勢的一個白人罷了。

爲了公平起見，我要說，對下一代的年輕人，歷史，尤其是教科書的歷史，恰恰都不是他們的長處。我也無意以常見的抱怨謾詆今天的年輕人。我想到的是——甘迺迪讓我想到的是，一些有關年代與世代的故事。

一九六三年——甘迺迪在達拉斯被刺，今日大我一輪或一個「十年」（decade）的美國朋友都只有十五、六歲。奇妙的是，每個人，幾乎是每個人，後來都清楚記得，聽到消息他當時在什麼地方。有的人在電影院裡、在返家的公車上；有的人在籃球場邊——還記得當時戶外的天色，場上衆人不同的表情。有人在女友床邊，接到死黨電話時，馬上穿上衣褲，下樓衝到大街上……。

這是某一個地方，某一代人（年代與世代）的故事。這些六〇年代成長、上大學的美國年輕人——據他們後來的告白，彷彿從同一個夢中醒來，再也不相信「政治」，或任何抽象、被餵食的大道理（包括甘迺迪有名的那句話：「不要問國家能爲你做什麼……」）。因爲，所有的大道理「都嗅得出謊言與死亡的壞氣味」。後來，他們其中的一群人蓄長髮、喜歡搖滾、迷幻搖滾和抽大麻、反戰、搞學潮、不反對嘗試同性戀看看……後來，我猜想我們多少都有點熟悉他們的故事。

底下我想說的——卻是發生在七〇年代台灣、發生在我及同輩人身上的故事。一九七五年，蔣中正、蔣介石（老實說，我不知道如何稱呼他——這也是我們這代人共同的尷尬點；我們習慣稱他爲「蔣總統」或「先總統蔣公」）忽然過世，我才是大學二年級生。一九七五年——我的七〇年代已過了大半，但我一點也不焦慮；我還很年輕，大半的人生還擺在前頭。

一九七五年，那曾經是蓄長髮，穿牛仔褲、綠色美軍外套的年代。那也是年輕人追求自由、開始在外頭租房子同居；年輕人普遍聽美國民歌、搖滾樂的年代。七〇年代初，台灣經濟起飛，一個年輕人用十塊錢新台幣即可擁有一張盜版的Bob Dylan——和自認爲幾幾乎乎成了Bob Dylan的幻覺。事實上，Bob Dylan對我和我當年的朋友如此重要，直到今天再聽他的音樂，就有種深深的，對那年代及友情的懷念。

假如有人曾用音樂教給了我們「自由」的觀念（思想的自由及藝術的自由）——假如，天哪，「自由」不是天生的——那麼，那人必定是Dylan無疑（至於Dylan是美國人還是中國人，假如你問我的話，那一點也不重要）。這裡陳述的，當然只能代表五〇年代出生的一部份人的想法與感覺，不過下一代的人太小，上一代的人雖引進了西方東西，但他們身上的傳統包袱，我們當時覺得，還是重了些。

儘管如此，一九七五年四月五日當天，我們還是乖乖的，暫時把自由交了出去。

一如許多同輩人，我現在回想起來，當然記得，聽到消息當時我人在什麼地方。四月五日晚上，我照例拎了一大包髒衣服，從學校宿舍跑到松山三哥家換洗——這是我的慣技，把髒衣服交給三嫂處理，順便吃一頓飯。晚飯後，不知爲什麼，我留了下來，只記得夜裡有場大雷雨。隔天，醒得遲，中午離開時三哥、三嫂已上班，我走出巷口，開始覺得異樣。一路上，我看到路人議論紛紛，許多人面容哀戚。回到校園後，目睹寢室同學各陳己見、談話之間的激盪——我心跳如狂，避開衆人，終於掉下淚來……。

相較之下，一九八八年蔣經國逝去時的情景，我並沒有多少記憶。那也許該讓八〇年代成長的人來述說。一九七五年蔣介石的去世，對許多人來說，代表了一個舊時代的結束。對於我及同輩人，對於我們暫時交出去的自由——很吊詭的，卻是獲得眞正的自由的開始。就像一袋髒衣服被交了出去——一夜淒風苦雨之後，隔天雪白如洗、嶄新地穿在身上。

b.尋找一張「自畫像」

現在回想起來，不免還覺得是件難令人置信的事。一九七〇年——升上高一的那個秋天，我取得了一張美國新聞處圖書館印發的借書證。申請借書證的手續非常簡單，我記得塡寫了基本資料，送給櫃台前那位露齒微笑的年輕美國小姐，半分鐘內手續就完成了。我很高興這麼快就能拿到一張借書證；我想：這跟我以前的經驗太不一樣了！我跑到開架式的書庫裡，找到了幾本——今日世界出版社印行的——討論美國文學、文化的書，最後還借了亨利・詹姆斯的「奉使記」原文本，The Ambassadors。一九七〇年，我未滿十六歲，像那年齡的年輕人會有的表現，我爲此高興了半個下午。像一個住在小城的典型文學少年，我的求知欲旺盛，不甘落後；但我記得回家後，興奮的打開「奉使記」原文本，讀了不及半頁便睡著了。亨利・詹姆斯也暱稱爲James the Pretender——向以纏綿的長句、晦澀矯飾的文體聞名，當時的我實在不可能知道這麼多。

但我現在回想起來，覺得這眞眞是件不可思議之事。我的意思是說，我的借書證並未來自衆人熟知的台北南海路美新處——而是由同一機構的嘉義美新處圖書館所製發。嘉義美新處是棟老建築，位於市區中心，與救國團黨部、中山堂爲鄰。夏天黃昏放學後，我和幾個同學，常趁剩餘的日光在美新處前的籃球場上玩「鬥牛」，往往鬧到天黑才回家。如今，中山堂早經改建，美新處亦已關閉多時

——這些年，我問了不少人，仍難以確定早年嘉義所以有美新處之設的原因何在。遠在日據時代，嘉義曾是一極富庶而有特色的南部城市，戰後卻一度走向沉寂與沒落。我無意輕詆自己生長的故鄉；然而，我恐怕——我的經驗不免是當初，無遠弗屆的美國文化帝國主義在遠東的一個小小的註腳。

我生於一九五四年，算是戰後出生的第二代。大戰結束後，世界各地對美國製造的東西，從可口可樂、冰箱、電視機到汽車、到好萊塢電影，皆有一份說不出的，直覺的嚮往和喜好。尤其是好萊塢及美國流行音樂，大量炮製了美國的生活方式與意識形態，影響力深廣，至今未減。事實上，長久以來，美式大眾文化挾其無形的滲透力，主導第三世界人心的趨勢好惡，方興未艾，功過實在不易斷定。冷戰結束以來，遍佈全球的美新處不少遭到裁撤，規模也大不如前——回顧過去全盛之日，美新處與其下各類文化出版機構（如當年的今日世界出版社）傾銷美式自由、民主的價值，可謂不遺餘力。一九七三年，我進大學，入外文系，其後七、八年，常到南海路美新處看書、聽演講、看畫展（包括洪通畫展和其他新生代畫家的前衛作品）。南海路的圖書館與畫廊，一如羅斯福路上的耕莘文教院，二者對於七○年代台灣新崛起的文化藝術有份策應、掩護的貢獻——這我至今深信不疑。

一九七一年保釣在美爆發、年底台灣退出聯合國，七五年越戰結束，七九年中美正式斷交——這一切都與台灣的歷史命運，也與美國有關。從封閉到開放，從威權到民主，美國曾經是台灣社會的一面「鏡子」——心理學上所謂「想像的他人」(Imaginary Other)。作爲一個土生土長的台灣人，這方面我的領悟來得甚遲。直到八〇年代的有一天早上(此時距我抵美求學已有兩三載的光陰)，我在美西旅次悠悠醒來，匆匆領悟到——原來隱藏在白人眼中的我是什麼「長相」。首先，感謝台灣外文系的師長，我的英文發音大抵準確無誤。在不少美人眼中，事實上，我的用字措詞、說話方式，像一個典型的文學研究生，反而顯得文縐縐：「He talks like a book!」我的頭髮黝黑，眼睛淺褐，身量中等，但卻吻合了白人對東方人身材偏矮的想像。另一方面，我又知道，那怕在國外留學多年，我仍是一個土生土長的台灣人，在行動舉止、談吐應對上，多少有一股台灣鄉下人的土氣與頑固。不過，比這些更重要的，悠悠醒來，在一個偏遠的美西小鎮——一個寂寞荒涼的美國早晨，忽然我記起了我來自何方。我來自，假如你不介意的話，歐洲朋友口中的「蔣介石的台灣，美國的殖民地」。我來自——產業、文化一般落後的第三世界，一個相當「法西斯」，假如你介意的話，相當威權的國家。

現在回想起來，當我有這些發現時，很幸運的，台灣已逐漸拋開了、離開了昔日威權的體制，搖身一變，更脫出了第三世界的藩籬。是的，寶島台灣何其幸運，卻又何其天眞！當我們初初理解到第三世界、威權體制的「意義」時，我們已匆匆離開了第三世界、威權體制。把歷史放長來看，我不反對將此視爲戰後台灣的一種閱歷、少年台灣向外在世界學習的過程。但從另一角度看去，就好像一個失語、失憶的人，當他重拾、重聆語言的意義時，才察覺過去記憶裡的大塊留白——當我們回過頭去，我們不免有一種迷航的感覺，過去與現在之間產生了一種嚴重的斷裂，因爲——我們不知道自己是誰。

重寫、改寫歷史的努力近年來極爲流行，證明台灣的市場、讀者皆感受到此一需要。到目前爲止，我尚未見到任何解釋——無人能說出台灣曾如何從時代那端迷迷糊糊地走過來。在重寫、改寫的過程裡，一旦我們能尋回那失語、失憶的原點——一旦腦中血塊順利地取出，凝結的時間將再度流動。假如說，流動的時間與記憶讓我們體認到了「自我」的存在——一個漸已成形的文化自我——那麼，時間與記憶更讓我們有了上溯記憶之流、探視自我倒影、描摹自畫像的「觀點」與能力。時間與記憶，畢竟在我們的臉上寫下了痕跡，當我們攬鏡自照，我們看到了過去的一份記錄，也看到了在歷史底層，呼喊著要被誕生的台灣人的自我。

目錄

第三輯：從九〇看七〇(二)
——媒體英雄的年代

第四輯：海外篇

第五輯：七〇年代備忘錄

七〇年代年表

◎羅吉甫

▶金龍少棒的「魔手」陳智源。

●一九六九年

1・8 台東八仙洞掘出舊石器時代文化遺址。

4・30 預備軍官改制定案，停止普遍徵訓，改爲依法實施志願考選。

7・20 吳濁流文學獎基金會成立。

8・24 金龍少棒隊在美國爲我國獲得首次世界少棒冠軍。

9月 柏楊在報刊改寫大力水手漫畫，被情治單位以「匪諜」罪名逮捕。

10・31 中國電視公司開播。

●一九七〇年

1・3 遭情治人員全天候跟監達四年之久的異議分子彭明敏教授，偷渡出境成功，安抵瑞士。

1・15 台灣獨立聯盟成立，計有美國、日本、加拿大、歐洲、台灣五個本部，總本部設於紐約。

2・28 由中視所製作、我電視連續劇的濫觴——「晶晶」，在播映近五個月後，全劇播畢。

3・1 黃俊雄製作的布袋戲「雲州大儒俠」於台視開始播出。由於節目大受歡迎，流風所及，產生若干流弊，遭到輿論界抨擊，被指爲造成「兒童逃學，農人廢耕」。在強大壓力下，於同年11月27日停播。

4・25 於美國訪問的行政院副院長蔣經國，在紐約遇刺，但未受傷。涉嫌的台獨聯盟成員黃文雄、鄭自財旋遭

◀黃俊雄和其手中的布袋戲人物劉三。

逮捕。

5・28 有台灣議壇「大砲」之稱的非國民黨籍立委郭雨新病逝，享年七十歲。

7・16 警方全力掃蕩竹聯幫分子，22日，陳啓禮等首要分子被捕，並移送綠島管訓，徒衆上千人的竹聯幫，實力大損。

8・25 代表我國參加世界少棒賽的七虎少棒隊，首戰失利，敗給尼加拉瓜隊，衛冕失敗。

●一九七一年

2・23 台南美國新聞處及台北美商花旗銀行先後被炸(一九七〇・10・12、一九七一・2・5)，謝聰敏、魏廷朝、李敖以涉嫌罪名被捕。

4・1 台北市警局指出，今後凡著過分暴露之短褲者，將依奇裝異服及妨害善良風俗加以取締。這也是繼去年7月公布五項取締標準後，政府又一次整頓社會風俗的決心。據統計，光是今年下半年遭取締的長髮男子即近兩萬人。

4・14 台大學生數十人赴日本大使館呈遞抗議書，抗議美國於本月10日宣稱擬於一九七二年將釣魚台交日之舉。15日，三百多名大學生至美使館抗議。次月17日，台大近千名學生示威遊行。

6・16 台灣省家庭計畫推行委員會推出「兩個孩子恰恰好」口號，以緩和未來人口壓力。

7・1 我國第一所外役監獄——台東外役監獄成立。

七〇年代

10・26 聯合國大會以76：36票通過阿爾巴尼亞所提之排我納中共案，我退出聯合國。

10・31 中華電視台開播。

●一九七二年

2・28 關傑明在中國時報「人間副刊」發表〈中國現代詩人的困境〉，指摘若干現代詩人的創作，大量抄襲沿用西方英美詩的習慣、風格和技巧。此文一出，引起文壇一連串的回應與激辯，並引發現代詩論戰。

4・2 旅日台獨分子邱永漢放棄台獨活動，返抵台灣。

5・29 甫獲立院同意的行政院長蔣經國完成組閣工作，其中台籍人士占⅓。謝東閔爲戰後首位台籍省主席。

6・8 行政院長蔣經國提出十項革新指示，包括公教人員不得濫發喜帖、訃聞；不得進出夜總會、舞廳、歌廳、酒吧；停止建築辦公房舍……。

7・8 台大考古隊在台南縣左鎮挖出二百萬年前的犀牛及鹿角化石。

9・29 日本與中共建交，我宣布與日斷交。

10・31 南橫公路全線通車，全長182.6公里。

12・4 台大副教授陳鼓應在一項座談會中，批評時政，引發該校哲研所學生馮滬祥不滿，陳指馮生爲職業學生。情勢愈演愈烈，釀成「台大哲學系事件」，次年起，陳鼓應等十餘名教授先後遭解聘。

12・7 教育部文化局函知三家電視台，今起各台方言節

◀林懷民和雲門舞者。

目每天不得超過一小時，分為午後與晚間播出，18時30分後，閩南語節目限由一台播出，三台各輪流十天。另外，三台每天只能播出二首閩南語歌曲。

●一九七三年

1·30 行政院國際經濟發展委員會綜合計畫處指出，去年我國輸出占國內生產毛額百分之四十五，超越原居首位的荷蘭百分之二。

3·17 大學聯招會決定，自今年起全面採用電腦閱卷。

8月 唐文標連續發表〈僵斃的現代詩〉、〈詩的沒落〉等文，批評現代詩，掀起「唐文標事件」。

9·18 亞運執行委員會通過伊朗代表所提之排我納中共案。

9·29 雲門舞集首次公演，林懷民親率12名舞者演出。

11·25 高雄、基隆兩港區解除自光復以來的宵禁。

12·4 台北市政府建設局決定，於15日以前將牯嶺街舊書攤遷往光華商場。

●一九七四年

2·22 三家電視台聯播義大利導演安東尼奧尼在中國實地拍攝，長達三個半小時的記錄片「中國」。

2·26 行政院長蔣經國建議立法院，除了國防和外交外，其餘總預算一律公開審查。4月9日，立法院首次審查中央政府的總預算。

4·20 由於日本與中共簽署民航協定，我外交部宣布中

▶蔣介石總統病逝，享年八十九歲。

日航線停飛，同時禁止日本航空器進入中華民國管轄的飛航情報區及航空識別區。

8・24　立德少棒隊獲世界冠軍，連同數日前的青棒及青少棒冠軍，爲我國首次奪得三冠王。

10・31　與美國合作生產的F-5E噴射戰鬥機，在中部空軍基地正式出廠。

11・11　監察院教育委員會通過糾正案，認爲國立編譯館改編高中國文課本第六冊時，將抨擊秦朝的〈過秦論〉、〈荊軻傳〉刪除，增列非儒崇法的〈韓非子〉、〈列子〉等文，並以司馬遷之〈報任安書〉代替〈蘇武傳〉，以柳永等靡靡之音代替杜甫詩，違反編輯目標，有悖當前國策。

12・19　一九四四年被日軍強迫徵召至印尼作戰的台東籍原住民李光輝，在菲律賓南方800公里的印尼摩祿島度過近30年後被搜獲，並於次年1月8日返台。

●一九七五年

2・2　我國首部自製自畫的彩色大銀幕卡通影片「封神榜」完成。

4・5　連任五任的總統蔣中正因心臟病去世，副總統嚴家淦依法繼任總統。28日，蔣經國獲選爲執政黨中央委員會主席。

5・23　胡金銓執導的「俠女」一片在坎城影展中獲最佳攝影技術獎。

6・6　楊弦在台北市中山堂舉辦中國現代民歌發表會，

演唱9首以余光中詩作入詞的歌曲。

7·9 我與日本簽署復航協議書，8月10日，中斷一年又兩個月的中日航線恢復。

8月 《台灣政論》月刊於本月創刊，由黃信介任發行人，張俊宏任總編輯。12月27日，被迫停刊，前後共發行四期。

10·23 政府決定在強力膠中添加微量芥子油，使具刺激性和作嘔感覺，以防青少年吸食強力膠。

●一九七六年

1·1 新修訂的「道路交通管理處罰條例」實施。依此規定，機車駕駛人須戴安全帽。在若干民意代表壓力下，4月15日交通部決議，在國內市場未能充分供應合格安全帽前，暫不取締、處罰不合規定者。

1·12 中影製片廠籌畫錄製達四年之久的電視劇集「寒流」在三家電視台聯播。9月5日，配上台語發音重播。

2·13 本省籍油畫家廖繼春因氣喘病去世，享年74歲。

2月 《夏潮》雜誌創刊，由蘇慶黎擔任主編。

3·3 內政部表示，凡大廈、商號、補習班，以洋化名稱申請證照者，一律不予核准。

3·12 素人畫家洪通在北市美國新聞處首度舉行畫展，展出一百幅作品，吸引大批民衆觀賞。

3·26 作家林語堂病逝於香港。

5·30 縱貫鐵路竹南、談文站間，發生台灣史上首次鐵路客車對撞事件，計有29人死亡，164人受傷。

7·16 爲抗議國際奧林匹克委員會要求我國以「台灣」

名義參加第22屆蒙特婁奧運會，我宣布退出比賽。

8．8　在關島舉行的遠東區少棒賽中，我榮工隊敗給日本，此爲我國首度在遠東區少棒賽中失利。

9．16　首屆聯合報文學獎揭曉，舉行贈獎典禮。

10．7　著有《亞細亞的孤兒》，並創辦《台灣文藝》的作家吳濁流去世。

10．10　省府主席謝東閔在拆卸郵包時遭內附之炸彈炸傷，涉嫌的王幸男於次年元月7日被捕。

10．19　《台灣政論》雜誌副總編輯黃華被控叛亂，處10年有期徒刑。21日，該雜誌遭撤銷登記。

10．31　台中港首期工程竣工，正式通航。

11．10　自稱韓愈後代的韓思道，控告《潮州文獻》發行人郭壽華在該刊物中撰文指出，韓愈曾染風流病，後因誤服硫黃藥而卒，有誹謗韓愈之嫌。此案後經宣判，郭壽華敗訴，科處罰金300圓。

●一九七七年

2月　《台灣文藝》革新第一號出版，由鍾肇政主編，首刊「鍾理和專輯」。

4．18　北區大專師生參觀蘇澳港，不幸船翻覆，造成33人死亡，教育部長蔣彥士引咎辭職。

4．30　台北市公民營公車開始聯營。

5．19　省議會通過臨時動議，譴責省議員許信良所撰的《風雨之聲》誹謗同仁。

6．7　南部地區豪雨成災，台南一天之中降雨326公厘，創70年來最高記錄。

7．7　中共空軍中隊長范園焱駕駛米格十九型戰鬥機在執勤途中直飛台灣，安全降落。

7．13　哲學家方東美教授病逝，年79歲。

7．19　「六月茉莉」、「牛犁歌」等著名台灣民謠作詞者許丙丁去世。

8．16　台灣基督長老教會因應美國與中共關係正常化，議決通過「人權宣言」，提出「台灣人民自決」和建立「新而獨立的國家」之主張。

8．17　彭歌今起三天在「聯合副刊」發表〈不談人性何有文學〉一文，批評尉天驄、王拓、陳映眞等人提倡鄉土文學的主張。20日，余光中亦在同刊物發表〈狼來了〉，直指鄉土文學作家的創作觀點與延安工農兵文藝路線有暗合之處。二文既出，掀起更多更廣的正反回應，鄉土文學論戰如火如荼展開。

9．10　民謠歌手李雙澤在淡水因救人而溺斃，年僅28歲。

10．26　教育部通令各級學校及幼稚園全面教唱由蔣緯國改編的歌曲「梅花」。

11．5　警方宣布破獲共黨組織「人民解放陣線」，戴華光等3人被捕。

11．16　我國第一部核能發電機於核一廠正式發電，邁入核能發電時代。

11．19　五項地方公職人員投票日，中壢國小的投票所發生疑似選務人員妨礙投票行爲，激動的群衆憤而搗毀、焚

▶抗議中美斷交的憤怒群衆。

燒警局，是為「中壢事件」。

11．23 吳三連文藝基金會成立。

●一九七八年

3．21 蔣經國以百分之九十八點三四的得票率當選第六任總統。次日，謝東閔當選副總統。

6．3 總統任命林洋港、李登輝為台灣省主席、台北市長。

6．26 北市敦化南路的林安泰古厝拆遷行動展開。

8．6 由許常惠教授率領的全省民族音樂調查隊，將35年前轟動世界音樂界的布農族「祈禱小米豐收歌」錄音。

10．23 中國時報第一屆「時報文學獎」公布。

10．31 南北高速公路全線通車，全長373公里。

11．2 行政院通過開放觀光護照，自明年元月起准許國人出國觀光。次年元月3日，內政部入出境管理局開始受理民衆出國觀光申請。9日，民衆吳永川獲得政府開放觀光後所核發的第一本觀光護照。

12．16 美國總統卡特宣布與中共建交，蔣經國發布緊急處分令，刻正舉行的中央民意代表選舉延期。27日，美國副國務卿克里斯多福率代表團來台談判，遭群衆以丟雞蛋、番茄等方式抗議。

●一九七九年

1．1 我國與美國的外交關係中止。

1．1 中央銀行成立外匯市場，今起實施機動匯率。

◀《美麗島雜誌》的創刊號。

1・21　警備總部以「涉嫌參與匪諜吳泰安叛亂」之名，逮捕反對運動大老余登發及余瑞言父子。次日，許信良等反對派人士百餘人齊集高雄縣橋頭鄉（余登發故鄉）等地，步行抗議，並散發傳單，此爲台灣戒嚴以來，首次政治示威遊行。

2・12　「補破網」、「望春風」等台灣歌謠作詞者李臨秋辭世。

2・26　施工四年餘的桃園中正國際機場正式啓用，所有原使用台北松山機場的國際班機，均改在中正機場起降，松山機場變更爲國內機場。

4・12　國內第一座地熱發電廠——位於宜蘭縣三星鄉的清水地熱發電廠，加入台電營運系統，開始供電。

4・20　監察院以「擅離職守，參與非法遊行，簽署污蔑政府的文件」等理由，彈劾元月分南下高雄參加橋頭示威，聲援余登發的桃園縣長許信良。6月29日，公務員懲戒委員會對許處以停職兩年。

6・22　美國總統卡特簽署「台灣關係法」，繼續推動台美間原有關係。

6月　《八十年代》月刊創刊，康寧祥任發行人兼社長，司馬文武任總編輯，爲該年3月雜誌解禁以來，最早登記的黨外政論雜誌。

7・1　高雄市升格爲院轄市，首任市長王玉雲。

7・1　縱貫鐵路電器化工程完成，全線自基隆至高雄，長406公里。

8・4　鹽分地帶文藝營開始舉辦。

▶美麗島事件的衝突現場。

8・9 台灣地區首座野生動物園——新竹縣六福村野生動物園開幕。

8・15 《美麗島》雜誌創刊，社務委員計61人，幾乎網羅當前台灣主要的非國民黨籍人物。

8・22 台北市長李登輝推動的首屆台北市音樂季今起舉行，共演出12天、28場音樂會，動員3000多名表演工作者。

9・8 《美麗島》雜誌創刊酒會於北市中泰賓館舉行，數百名群衆圍聚在外高喊抗議，是爲「中泰賓館事件」。

10・6 衛生署宣布，3月起台中、彰化一帶民衆罹患的皮膚怪病，係食用彰化油脂公司產製的米糠油中含多氯聯苯所致。受害人逾2000人，廣布台中、彰化、新竹、苗栗等縣。

10月 統一公司與美國南方公司技術合作，引進7-eleven連鎖經營技術，爲我國國際性連鎖便利商店之始。

11・4 台電投資254億元興建的我國首座核能發電廠，舉行竣工典禮。

11・26 國際奧運會以通訊投票方式通過決議，容納中共入會，要求我更改名稱及會旗、會歌。

12・10 《美麗島》雜誌社於高雄集會，和警方發生嚴重衝突。

●一九八〇年

1・8 施明德被捕。美麗島事件查緝工作告一段落。

2・1 北迴鐵路通車營運。

◀民謠歌手陳達。

2・28 林義雄家發生滅門血案。

3・18 美麗島事件開庭審理。

5・6 立法院三讀通過「動員戡亂時期選舉罷免法」。

6・20 「國家賠償法」完成立法。次年7月1日起實施。

6・30 淡水紅毛城在被英國租用119年後收歸國有。

11・1 消費者文教基金會成立。

12・15 新竹科學工業園區揭幕。

●一九八一年

2・13 考古人員在台北市芝山岩進行挖掘工作，發現芝山岩文化。

4・11 台灣民謠老歌手陳達車禍死亡。

7・3 旅美學人陳文成離台前被發現陳屍於台大校園，死因成謎。

8・3 畫家席德進病逝。

8・8 空軍少校黃植誠駕機降落大陸福州機場。

8・15 法國印象派畫家雷諾瓦原作展在國立歷史博物館展出28天。

8・22 遠東航空公司班機於苗栗三義上空解體爆炸，機上110人全部罹難，爲我航空史上最大空難事件。

理想繼續燃燒

第一輯

翻轉的年代

兼談七〇年代的文藝風

／隱地

晚上洗臉，是一天的結束；早晨洗臉，是一天的開始——洗著、洗著……人就老了！

而七〇年代——民國五十九年至六十八年，那是我生命中最美好的十年，三十多歲的小伙子，剛結婚兩年，剛做爸爸，剛買了房子——二十二年前，一戶二十三坪坐落在北投公館街的房屋只要十八萬元，我向服務單位貸到了八萬四千元的房屋貸款，又賣斷了一本書的版權費也得到了一萬元，現在想想，那時做文人還不錯，只要寫十八本書就可買到一戶房屋，如今，寫一百本書，也未必買得到。

民國六十年，由我主編的《五十九年短篇小說》剛在大江出版社出版。「大江」是作家梅遜創辦的，可是他登記這家出版社並非爲了營利，旨在讓作家方便出書——根據規定，作者個人想出書，必須尋找一家出版社代其印行。七〇年代，多的是行俠仗義之人，梅遜先生只是其中之一。當年，他還爲鍾理和出版短篇小說集。何恭上未辦藝術圖書公司之前，他最初編的許多書都掛大江的名義出版。而我自己起步練習從事出版事業，也是從大江開始，我選的兩本書分別是《三島由紀夫之死》和《愛的變貌》（蘇玄玄著），雖然是小本生意、小額投資，有了成本觀念，對我後來創辦爾雅出版社，卻有極大的啓發和助益。

《謝雪紅評傳》作者陳芳明，在七〇年代，還是一位年輕的詩人，他的詩集《忘憂草》，也是借大江的招牌自費出書。詩集出版後，芳明希望放在重慶南路的許多書局寄售，但他生性羞赧，怕遭店員白眼，於是我陪他去（那時我們在一起編《書評書目》雜誌），陪他一家家將書布滿。三個月後，應該可以到書店收帳，芳明卻未前往，他說萬一書未銷出多不好意思，至今將近二十年，芳明的書款從未去收過。

《五十九年短篇小說選》共收九位作家的作品。寫〈水燒雲〉的子于已去世四年。寫〈吊人樹〉的王拓轉行從政。蔡昭仙人在日本，王默人去了美國，均久未創作。于墨當了中國時報副社長，看來他和文學已擦身而過。蘇玄玄已成曹又方，辦的出版社，儘管走商業路線，自己手中的一支小說之筆卻仍在運轉。而白先勇，有了文學經典之作《台北人》，文學史上已有他的一頁，但我認爲，在有生之年，白先勇至少還會出版一部長篇。白先勇是有話要說的作家。他的人生長河會唱出三部曲——《台北人》、《孽子》、《？》，第三部的問號，必須具體的成爲一個書名，他的著作才算找到一個句點。

還有一位楊青矗。他和黃春明、王禎和、張系國、王文興和陳若曦，都是七〇年代的文壇寵兒。楊青矗的《在室男》、《工等五等》、《低等人》和《昭玉的青春》全部進入《年度小說選》。

▶七〇年代的媒體英雄高信疆。

黨外陣營，多的是文人。民國六十二年，呂秀蓮在中國時報「人間副刊」，以「拓荒者」的筆名開闢專欄「拓荒的話」，後來由書評書目結集出書，書名《尋找另一扇窗》，在當時也是暢銷書。

七〇年代，文學鼎盛，《文季》、《現代文學》、《純文學》鼎足而三，此外還有《文壇》、《中華文藝》、《文藝月刊》、《新文藝》以及《書評書目》等文藝刊物，如今已全部不支倒地。

兩大報文學獎，都在七〇年代設立。民國六十五年，在當時聯副主編馬各先生的建議下，成立「聯合報小說獎」。民國六十七年，中國時報「時報文學獎」頒獎。上述兩獎，十數年來，對文化和文壇均影響深遠，丁亞民、蔣曉雲、朱天文、朱天心、小野、吳念眞、宋澤萊、古蒙仁、林清玄、洪醒夫、蕭颯、廖輝英、東年、黃凡、袁瓊瓊、張大春、顧肇森……，一大串七〇年代得獎新人的名字，其中多位已漸漸成爲今日文壇的重鎭。

有七〇年代「紙上風雲第一人」之稱的高信疆，崛起於民國五十九年，中國時報「人間副刊」爲傳達海外中國知識分子的心聲，特闢「海外專欄」，由其主持、連繫，表現出色，獲余紀忠先生激賞，取代桑品載，成爲「人間副刊」最年輕的主編。七〇年代，政治還是禁忌話題，因此當時只有三大張的兩大報，新聞版面大同小異，發揮空間有限，讀者訂報，都將重點放在副刊上，高信疆和瘂弦一舉一動一言一行，成爲台北文化的風向球，作家與學人，飛機來飛機去，好不意氣風發，隨便舉辦一場演講，都是萬人空巷，哦，那眞是文學的年代，文化的年代。林懷民、朱銘、洪通、陳若曦、三毛……，兩大報副刊，不知炒紅了多少人。將近二十年裡，這些人的名字，天天在我們的眼睛前、耳朵邊。到了九〇年代的今天，情況完全不一樣。十五大張的報紙，可以把人的名字或一張照片登得像頭條新聞，然而也沒什麼好高興的，你只是紅一天，明天別人老早忘記你是誰，明天有明天的英雄，人人都是一日英雄，人人都有名，事實上是沒有一個人有名，偶像的年代倒塌，如今，偶像和小丑完全一樣，你不會搞笑，請站到一邊涼快去，又有耍寶的在搞新的飛機，他才是我們媒體歡迎的新英雄！

在貧困的年代，克難的年代，文藝和文學曾經是我們長久的情神食糧和心靈潤滑劑。五家重要的文學出版社——純文學、大地、爾雅、洪範和九歌，幾乎均創社於七〇年代，自民國五十七年至六十七年之間，只有純文學創社於六〇年代末期。

五家出版社合稱五小，在七〇年代，流傳於作家間的有這樣一句話：「文章發表要上兩大（報），出書則找五小。」可見七〇年代，五小確有一番好風景，余光中、彭歌、子敏、鄭愁予、王鼎鈞、琦君、張曉風、張拓蕪、夏元瑜、杏林子、唐魯孫……，人人都有一段好時光，而且細水長流，好多年輕孩子都讀這些作家的書長大。

七〇年代對於我自己來說，也都步步踏在命運的關鍵上。民國六十四年，我成立爾雅出版社，開始了自己的事業。次年，突然接到一通哥哥的電話，他一方面謝謝我送他的書《快樂的讀書人》，一方面說，寫書的人，應該到外面的世界多看看，他給我二十萬元，要我到歐洲旅遊三十六天。那還是非常「土氣」的年代，觀光護照尚未開放，出國只屬於那些留學生，屬於那些工商業鉅子，屬於那些因公考察的官員——而我，正在爲十五萬元的創業基金奔波，正在爲我的房貸利息和三個孩子的奶粉錢奮鬥，我曾臉紅心跳的向哥提出請求，希望他將那筆讓我到歐洲玩的錢——二十萬（我北投的一戶房屋才不過十八萬），拿來擴充我的創業金，然而哥哥卻毫不考慮的說：「這是兩回事。我給你錢是爲了要讓你看外面的世界！」

幸虧這筆錢沒有移作他用。如今只要我驀然回首，三十八歲成爲我生命中的一道光，沒有那次歐遊，我的開竅不知還要遲緩若干年，向來，我只會從一個角度看問題，不知人同樣活著卻有這麼多的選擇。原來人是可以自己喜歡的方式過日子。歐洲回來，我眼界大開，寫了一冊《歐遊隨筆》，從此以新觀點，展開我全新的人生。我不再一味講求快速，也學習享受慢的樂趣。學會了喝咖啡，喜愛上歐洲電影豐富的人文內涵，古典音樂比流行音樂更耐聽。而減少，有時比增加更使人安心。三十八歲的歐遊，對於我，是一次生命的洗禮。

七〇年代，也是台灣從素樸年代跨入多元化社會的分水嶺。七〇年代發生了許許多多驚天動地的狀況，譬如民國六十年十月，退出聯合國，使得不少人遠離台灣，飄泊異鄉。民國六十四年四月五日清晨驟雨暴雷，老總統蔣公去世（次年九月，毛澤東在北京死亡），舉國震驚，十一月，美國總統福特啓程訪問中國大陸……，一波波的激盪，震撼著全島一千八百萬的人心。

我自己像極了擺盪的人。搖晃在不同的年代裡，看見了也遇到了一些不可思議的事，其中一件發生在民國六十二年七月，我還在新中國出版社編《新文藝》月刊，有一天突接電話通知臨時開會，原來兒童戲院（現峨嵋街立體停車場）正上映劉家昌導演、丁珮主演的「串串風鈴響」，影片中有男歡女愛的鏡頭。不知怎的，竟被大老陳立夫看到了，認爲傷風敗德，甚爲生氣，有關單位立刻緊急召集全國文藝雜誌編輯人及報紙副刊主編訓話。事隔二十年，當我坐在電影院裡看李麗珍主演的「蜜桃成熟時」和傑洛米艾朗演的「烈火情人」，眞是此一時也，彼一時也，當今電影裡肆無忌憚的做愛鏡頭，激烈得唯恐你不會爆發心臟病，人們平靜無波的觀看，走出電影院，臉上毫無表情。而七〇年代，隨便有人打一個噴嚏，就會把人驚得臉色發青，連帶著大編輯小編輯全都跟著團團轉。

另外，是和於梨華有關的一個事件：

三十年前，於梨華在文壇，一如李麗華在影壇，她的《夢回青河》和《又見棕櫚又見棕櫚》都是家喻戶曉的作品。民國六十三年，在大地出版社出版長篇小說《考驗》之後，突然未再有作品在台灣出現。直到一九七七（民國六十六）年和七八年，香港七十年代和天地圖書公司分別出版她的《新中國的女性》和《誰在西雙版納》，其時我正在編《書評書目》，第四十六期（六十六年二月號）上選用了一篇寄自香港的來稿〈於梨華的新書〉，表面上介紹她的

▶七〇年代的反共情懷仍極濃厚。（梁正居／攝影）

新書，實際上對「於」的討好「新中國」頗有微詞，沒想到那期雜誌一上市，無數使人「緊張」的電話一一撥了進來。那時有一個由七個單位聯合組成的「書刊審查小組」；所有的電話傳達了一個同樣的訊息：我惹了禍，於梨華是一個「上面」開會討論作成決議不准提起的名字，不論說她好說她不好，反正就是不准提於梨華的名字，這叫做「冷凍法」——誰教她偷偷跑去了大陸，最後的目的，無非要所有曾經讀過她小說的人忘掉她。

而我卻這麼倒楣，在這樣的節骨眼上犯了他們的大忌——幸好我自己也曾經在警總出版社編過《青溪雜誌》，我的老處長相信我的忠貞，他的一通電話要我立刻上街把發出去的雜誌，逐本撕去那篇介紹於梨華新書的文章。我和出版社的小弟，沿著重慶南路，向每一個書報攤說明，我是《書評書目》主編，裡面有一篇文章出了問題，必須撕掉，才能繼續銷售……。啊，這就是台灣的七〇年代，一個現在回想起來令人感覺滑稽突梯的年代，然而在當時那一刻，可一點也不滑稽，而是一個令人流淚的年代，幸虧有我的老處長幫我頂著，不然那種山雨欲來的陰沉空氣，你不知道會有什麼恐怖的情況發生！啊，只不過登了一篇介紹於梨華的書評，提了於梨華的名字，如此而已，要不是我在七〇年代活過，我不相信自己的耳朵，也不會相信自己的眼睛。然而時至今日，再怎麼奇形怪狀的事，在我看來都稀鬆平常，生活在九〇年代的台灣，可眞是什麼場面都見過了。這十年裡的台灣，豈止是一個變字，根本像是在玩一種翻轉的遊戲，你下我上，你左我右，從前穿白衣服的人，如今全改成穿黑色，以前穿黑色的，現在倒反而穿白色了！

年輕時候，我們都穿過一種用麵粉袋製成，上面印有兩隻緊握著中美合作大手的內衣褲，或運動褲，彷彿還印有中美國旗各一面，七〇年代中期以前，毫無疑問的，美國是我們的老大哥，就像蘇聯是共匪（抱歉，從小我們被規定這樣稱呼老共）的老大哥，曾幾何時，蘇聯老大哥不見了（這麼巨大的北極熊，會自己倒下去，你相信嗎？）而我們的老大哥，也於民國六十七年十二月十六日棄台灣而去，中美斷交的結果，又增加了一波移民潮，台灣，眞的變成一個國際孤兒。

七〇年代的最後一個月——六十八年十二月，美麗島（高雄）事件爆發，台灣步入新的歷史年代——走進八〇年代，一個政治掛帥的年代，一個立法院、國民大會鬧翻天的社會，一個翻轉的年代之後，交通全面阻塞，空氣品質惡化，水資源受到汚染，兩岸亦敵亦友……。中國人，何去何從的中國人，是五千年中國歷史的終結者？還是，終於又走出一片繁華似錦新天地，創造一個所謂二十一世紀是屬於中國人的新世紀、新國家!?

激流亂雲

／陳芳明

曾經有那樣的時代像一條激流，曾經有那樣的心情如一片亂雲。全程走完七〇年代，彷彿結束了一場顛簸而疲憊的航行，意志終於沒有沉沒，但精神的挫傷卻斑斑可考。旅程上穿越過的一些急湍險灘，都成為塑造日後生命的轉折點。再回首，河水翻滾而去，波濤不知所終。

從嗜詩的少年跨向論政的盛年，足以耗費我十年的時光，那正好與整個七〇年代相始終。這樣的過程，是由一連串背叛的行動構築而成。我背叛了詩，背叛了學術，背叛了最初的理想，甚至背叛了國家認同。如果有所謂生命的大轉彎，那起伏跌宕的十年應是最好的寫照。

一

跨入一九七〇年時，我剛告別預官役，成為台大歷史研究所的學生。我仍延續著大學時期的雙軌式生活，一方面寫詩，一方面從事歷史研究。寫詩，具體反映了我對現代性的追求：歷史研究，則又引導我沉溺在古典精神的探索。雙重的思考，其實並沒有讓我產生衝突矛盾之感。對於詩的咀嚼與反芻，是我生活中無可分割的一部分。在行囊裡，總會置放一、二冊詩集，隨時可以取出閱讀，或低

◀從詩人到政治工作者的陳芳明。

吟，或解析，希冀在長短句中尋找一個完整的世界。但是，在研究室裡，我孜孜於泛黃紙頁的翻閱，企圖在斷簡殘篇裡重建相互聯繫的史實。

詩與歷史之間的歧異，在於前者是想像的，後者是實證的；一個是未曾誕生的，另一則是已經逝去的。如此截然不同的取向，在我身上卻得到和諧的交融。唯一能夠解釋這種並存現象的理由，恐怕就是詩和歷史同樣可以帶領我逃避現實的社會吧。我一度著迷於艾略特與葉慈的作品，並且也耽溺於中國三十年代新詩的餘暉。我熟讀余光中、洛夫、葉珊的詩集，旁及當時的詩論與詩評。意象世界中的縱橫馳騁，曾經使我獲得無比的快感。尤其是余光中在那段時期才完成《冷戰的年代》與《敲打樂》不久，他作品裡所具備的節奏與聯想，讓我爲之神魂顚倒。我雖然知道，詩可以干涉政治，也可以介入現實，但我寧可尊崇詩的純潔與昇華。直到離開台灣之前，這種潔癖牢牢維繫了我對詩的信仰。

在歷史研究方面的經驗，我也分享了一份難以言喻的愉悅。凡是做過考證工作的人，都知道事件的追溯與重建，也需要一些歷史想像。這種想像自然與詩的經驗不盡相同，但思考的飛躍性格卻是一致的。繁複的史料，像迷霧、又像迷宮，往往使人卻步，以致難以窺見史實眞相。利用不同的資料來源，依賴想像力來完成史實軌跡的重現，就如撥霧見日一般，總會攜來一些成就感。線裝書的木刻文字，散發一種誘惑的引力，使人情不自禁去推敲、解析、聯繫。緊鎖自己在研究室裡，獨對一排陳舊的古書，我彷佛開闢了一個全新的世界。

我之所以著迷於宋代中國的歷史，是有原因的。當現代史研究充滿禁忌的時候，我頗知自己的能力與膽識是無法了解歷史眞相的。客觀環境的限制，迫使我不能不往古代推溯。那時，我信奉日本學者的歷史解釋。內藤虎次郎在他的《中國近世史》表達了特有的見解，他說，中國近代史的許多文物制度與典章思想，乃是以宋代爲起點。當握宋代的起承轉合，大約就能抓住十二世紀以降中國發展的脈動。內藤的解釋，對美國漢學界有很大的衝擊；費正清、賴世和等人都接受他的說法。正是受到這樣的啓蒙，我以研究所三年的期間全心投入了宋史的鑽研。

詩與歷史，對我而言，是一種解放，也是一種禁錮。我獲得解放，是因爲在苦悶的日子裡找到思想的窗口，得以瞭望另一片天地。但是，我也受到了禁錮，詩與歷史的世界同時把我隔絕在台灣社會之外。讀書與寫作成爲一種變相的自我監禁。我與常人沒有兩樣，呼吸污濁的空氣，凝視陰翳的天空；然而，我並不完全知道台灣正進入歷史的轉型期。

七〇年代的前五年，亦即從一九七〇年到一九七四年，台灣經歷一系列的政治風暴，先是退出聯合國，然後發生釣魚台事件，繼而又與日本斷交，尼克森與北京簽署上海公報，全球性石油危機襲擊而來。以怵目驚心來形容當時的感受，似乎還不足以概括我的心情。如果說我沒有產生迷惘與徬徨，那是自我欺罔。我陷於極度的困惑之中，不能理解爲什麼政治危機會在一夜之間浮現？惴惴不安的心，不時在等待另一事件的來臨，不時在預期突如其來的宣告。那眞是一個不確定的年代，渺小的自我投向一個巨大的未知，我強烈覺得好像是泅泳在遠洋，一時尋找不出求救的方向。

唯一的救贖之道，便是回到自己的研究室，深鎖大門，在昏黃的燈光下讀史寫詩。在校園外，我積極參加龍族詩社的活動，那是最好的避難所。寧可爲一首詩或一種詩觀爭論不休，也寧可花七個晝夜寫成一篇筆戰的詩論，我決定不與任何人討論政治。不過，這並不意味我內心未曾發生動搖。代表台灣自由主義者改革思潮的《大學雜誌》，是那段時期我熱心閱讀的刊物。偶爾讀了一篇值得共鳴的文字，血液也會沸騰起來，那簡直像極黑夜裡祕密燃起的火花，乍明乍滅，還暗帶一絲炙痛。僅僅是那樣，我就以爲自己已經訴諸行動了。然而，我從來不與朋友主動提起政局變化，至少我選擇站在高度安全的這一邊。白天照常活在宋代中國，晚上依舊苦思詩的分行與結構。

關在獨居的室內，我讓約翰・藍儂或瓊・拜茲的歌聲恣意流淌。細數每位西洋鄉村音樂的歌手，我瞭若指掌；較諸當權者的姓氏，我還要熟悉。現在回顧起來，那實在是一種苦悶的象徵。早在出國之前，我已經過著流亡的生活了。把自己關在台灣的土地外，完全不關心島上發生了怎樣的變化。國際社會的動盪，國內經濟的升降，似乎與我的生活銜接不起來。這樣的自我放逐，是從什麼時候開始，如今也難以推算了。

我並不以爲每位知識分子有義務去過問政治，更不以爲每位從事思考工作的人應該介入政治行動。既然是要鍛鍊自己成爲超然的學者，我必須對每一事件保持客觀的立場。就像考證一項歷史事實，只要找到證據，只要建立一套解釋，只要能回答一個假設，知識研究的任務便宣告完成。客觀，絕對的客觀，乃是作爲學者的最高道德目標。我是如此深信著。

我也不認爲寫詩可以干涉氣象。詩是純粹的存在，即使在想像中誕生，在想像中完成，這樣的作品當然是神聖不可侵犯的，我那段時期雖然主張詩人應關心現實，但我思考中的現實，根本不與台灣發生關係。我強調的詩與現實，無非是我心目中虛構的中國。假使有大中國沙文主義者的存在，那麼我就是典型的範例。在我思考的格局裡，中國就是屬於偉大、莊嚴、神聖。要在我的文學思維與歷史探索之間找到溝通的橋樑，顯然必須在中國這個抽象符號中去追尋答案了。

一九七三年研究所畢業，我回到母校輔仁大學去教中國通史。跨入社會，我越感受到苦悶的壓力。有生以來，第一次發現島嶼是何等狹小，它所承受的歷史折磨又何其巨大。站在講台上面對學生，我突然對自己所學的歷史感到心虛。中國通史距離台灣社會是多麼遙遠，我分辨不清自己授課的內容是否在歷史上發生過。升起這樣的疑問，並非毫無緣由。我清楚意識到，在學校外面的某些角落，正有知識分子正在思索台灣的前途出路。至少，我認識一位《大學雜誌》的改革者，正式投入民主運動參加選舉。他標榜的中智階級訴求，回響在我失眠的夜晚。有一種聲音，從內心的深谷呼喊出來，像是召喚，又像是警告，在午夜人靜時特別高亢。那聲音來自民主運動的陣營，使我忐忑不安。

我終於還是沒有接受那樣的召喚。對於作爲一個客觀的學者，作爲一位純粹的詩人，我仍然堅持去追求。然而，我又想鼓勵學生應該關心台灣社會，又怕遭到檢舉我思想有問題。這種糾纏掙扎的苦楚，至今猶然能夠體會。在上課的最後一節，我捨棄了課本，第一次把柏楊、李敖、陳映眞的作品介紹給學生，而這三位作家當時都被監禁在獄中。我爲這樣的偷渡感到快意無比，縱然這是何等不成格局的行動。

解開苦悶的最大行動，便是決定在一九七四年出國留學。七〇年代走到了中期，我還是不能免於留學熱潮的推湧。出國前夕，我爲了向台灣投下最後一瞥，特別實地觀察了屬於當時最熱門話題的十大建設。從台北到泰山的高速公路才剛剛完成，我央請朋友驅車一探究竟。我也到宜蘭去觀看蘇澳港，希望攜帶最美的記憶到海外。出國時，我二十七歲。在台灣，我留下一冊碩士論文《宋代史學的忠君觀念》，一冊詩集《含憂草》，一冊詩論《鏡子和影子》，那是我七〇年代前半期的心影錄。

2

離開台灣九月的炎夏，我立刻投入異鄉的初秋。季節的劇烈轉換，抵不過我內心的情緒浮沉。台灣書生的畏懼、拘謹，都在踏出西雅圖機場時暴露出來。大陸性的秋涼，幾乎比台北的冬天溫度還更滲透入骨。然而，看到美國西北地區的湖光山色，全然被懾住了，一時不知道如何調整心情來迎接。感到震撼的事，還不止於此。到達華盛頓大學的校園後，我很快就埋首在遠東圖書館的書堆裡，豐富的收藏與取書的方便，讓我如饑如渴在館中日夜閱讀。第一次覺得思想枷鎖的解放，應該是從西雅圖開始的吧。

我舊有價值之崩潰，也是這樣開始的；猶如城堡解體那般，基石出現鬆動的跡象，然後磚牆逐塊墜落，無可抵擋。我的歷史思考終於也進入反省階段，乃是無可避免的趨勢。一九七四年，中國文化大革命到達尾聲，但那也是整個政治運動發展到了最高時期。在華大校園，常常可以遇見毛派分子，他們有的是激進反戰的美國學生，有的則是參加釣魚台運動的台灣學生。當時對於文化大革命的評價，大約以正面的肯定居多。最受歡迎的刊物，當推香港出版的《七十年代》，那是「人民日報」、「光明日報」之外，協助我了解中共政情的最佳管道。長期籠罩在台灣的恐共政策下，使我難以維持平衡的心態去觀察中共。所以，閱讀有關無產階級專政的長篇論文，以及有關紅衛兵的報導時，我反而抱持一種毋寧是高度同情的諒解。到今天，我仍無法解釋自己對文革同情的緣由。也許是出自於好奇心，也許是來自台灣教育體制所醞釀出來的「祖國之情」，凡是涉及中共的報導，都能吸引我的注意力。

文革時期的樣板電影，如「紅色娘子軍」與「白毛女」，樣板音樂「黃河協奏曲」，樣板民謠「延邊人民熱愛毛主席」，樣板書籍《毛澤東選集》，都曾經占滿了我生活的空間。維持這種迷戀的狀態大約有一年之久，直到我感到厭倦爲止。我知道，這是大中國主義情緒的延續，終究是要出一次麻疹的。不過，經歷這樣的中國接觸，對我的歷史研究誠然有所助益。

在台灣，由於偏頗的右傾教育體制，知識分子一直缺乏「左」的思考。右派的研究方法，大多側重在現象的分析，正統地位的傳遞，文字的訓詁考證。左派的方法論，側重於史實背後政經結構與社會性質的解剖，也側重於社會內部矛盾關係的考察。透過左翼思考的反省，我漸漸捨棄單線式的研究，開始對歷史主體性與整體性的問題予以注意。從前那種迂腐的史料考證，或基於盲目民族主義式的制約解釋，最後都讓我背叛了。

只是，我最大的背叛不在文學與歷史方面，而是對舊有價值體系的全盤顛覆。產生這種顛覆的行動，有多重的原因，一是思想的自我改造，一是台灣社會對我的衝擊，一是美國的反戰運動。

我的心靈重整，始自我窺見了台灣歷史的眞相。一九七五年，我參加國際特赦組織(Amnesty International)。爲了拯救南韓、瓜地馬拉的政治犯，我參加一個小組，負責寄信給這兩個國家的領導人。我總以爲，台灣畢竟是幸運的，並沒有政治犯的存在。然而，有一天，在特赦組織的通訊上，我居然發現了台灣的政治迫害事實，並且還有受害者的姓名。這對我是相當沉重的一個打擊，使我深深感到憤怒不安。經由這樣的發現，有一種欲望驅使我去了解台灣的政治與歷史。

離開台灣之前，我是一位怯懦蒼白的書生，一位行動未遂的冷眼旁觀者。我從來沒有意識到台灣歷史的存在，更未意識到政治底流所掩蓋的黑幕。很不幸的，我找到第一冊有關台灣史的書籍，竟然是二二八事件記錄。在揭開歷史面紗的刹那，一股沛然莫之能禦的力量，排山倒海似地襲來。我震駭於那場慘劇的眞相，也暈眩於我過去的茫然無知。我的心房，成爲我刑求自己的囚房。一股嚴厲的聲音強烈質問我的過去，緊接著是一再的自我鞭策、自我折磨，終而使我對整個國家認同產生懷疑。如果我是一個被指控的台灣獨立運動者，那麼我必須承認，政治的轉向無疑是在那段時期發生的。

抱著扮演思想犯的心情，我回望遠洋之外的台灣。民主運動的浪潮，在一九七五年有著令人訝異的轉折。第一份代表草根性民主運動的雜誌《台灣政論》，在那年夏天出版，本地知識分子對於政治改革的期待，含蓄而委婉地表達在這份政論的刊物上。我不僅隔海訂閱，而且還逐期影印文章讓學生傳閱。其實，我對自己的這種轉變也頗覺難安。我這樣做，可以說逐步在向我過去的「客觀」與「純粹」揮手告別。《台灣政論》在出版五期後就遭到停刊，華大的許多台灣學生感到相當氣憤，因爲如此和平的言論都不見容於當權者，台灣的改革希望是很渺茫的。

我第一次參加遊行示威，便是爲了抗議《台灣政論》的被禁。當台灣還在戒嚴時期，校園特務仍然橫行之際，我之參加示威，也頗令自己感到心驚。我從未認爲那樣的

◀七八年底進行著一場激烈的選戰。(林國彰／攝影)

行動能夠產生影響，但是對於個人的自我教育卻深刻無比。敢於跨出第一步，幾乎就等於預告日後的行動方向。我眞正背叛了自己。

加深背叛行動的另一股刺激，也同樣來自一九七五年。那年，越戰結束，北越揮軍進駐西貢。從電視上，我看到倉皇逃亡的人群。無數高舉的求救雙手，舞動於西貢美國大使館的頂樓。無聲的畫面，再三映現於螢幕之上。走到華大校園，我又目擊美國的反戰分子，在廣場上高呼「美帝國主義者滾出越南」的口號。一時之間，不知身在何處。假使美國知識分子在政治危機中敢於批判政府決策的話，作爲越戰文化的下游國家台灣，對於這場戰爭又做過了怎樣的反省？我的七〇年代，曾經爲了越戰的升高而興奮，甚至還寫詩歌頌。我只是盲目跟官方的反共政策奔走，從來就不曾了解越戰的本質意義。有計畫的矇蔽與誘導，果然造就我這樣幼稚的高級知識分子。我不知道台灣社會出現過怎樣的反省，只知道政府總結越戰經驗時，出版了一冊《南海血書》。從信箱裡收到這冊宣傳小書時，我對這樣的政府嗤之以鼻，然後決定背叛它。從此，我的叛國者角色就這樣確立下來。

3

背叛的道路鋪成之後，剩下來的都成爲歷史。一九七六年，四人幫下台，中國文化大革命宣告結束，我並不覺得意外。一九七七年，台灣發生熾熱的鄉土文學論戰，也發生惹人爭議的中壢事件。文學與政治的雙元轉變，提升了我對台灣社會的關注。我之使用筆名撰寫政論，就是以這一年爲起點。一九七八年，我通過博士候選人考試不久，美國總統卡特宣布與北京建交，正在進行中的台灣國會選舉，被迫取消。一九七九年十二月，七〇年代的最後一個月，高雄爆發了美麗島事件。我對台灣政府的徹底幻滅，無法以任何文字形容。七〇年代的後半期，我只結集了一冊《詩和現實》，其餘都繳了白卷。

怒潮洶湧的十年，囚禁過我，也釋放過我。浩浩蕩蕩的時間長河，使航行的方位撞歪又修正，我並未有絲毫悔恨。生命是如此的慌亂、瑣碎、困擾，但都必須仔細度過。激流的年代，亂雲的心情，攜我流亡到最遙遠的地方，終於沒有讓我迷航。我找到了島嶼的方向，也恢復對詩與歷史的信仰。然而，跨過七〇年代後，我必須耗費另一個十年，才成功地回到台灣。

雙城記往

／余光中

一

英國小說大家狄更斯的名著《雙城記》，以法國大革命的動盪時代爲背景，敍述在倫敦與巴黎之間發生的一個悲壯故事。卷首的一段名言，道盡一個偉大時代的希望與絕望，矛盾之中別有天機，歷來不斷有人引述。其實雙城的現象不但見於時勢與國運，即使在個人的生命裡，也常成爲地理的甚至心理的格局。不過雙城的格局也應具相當的條件。例如相距不可太遠，否則相互的消長激盪不夠迅疾，也欠明顯。同時雙方必須勢均力敵，才成其爲犄角之勢，而顯得緊張有趣，否則以小事大或以大吞小，就難謂其雙了。另一方面，距離也不能太小，格調也不能太近，否則缺少變化，沒有對照，就有點像複製品了。

這麼說來，《安娜·卡列妮娜》中的莫斯科與聖彼得堡也算得是雙城。長安與洛陽先後成爲西漢與東漢的京都，當然也是雙城。其實長安的故址鎬京與洛陽，先後也是西周與東周建都所在。民初作家筆下並稱的京滬，旗鼓相當，確有雙城之勢，但是對我並非如此，只因我久居南京而少去上海。抗戰時代，我在重慶七年，卻無緣一遊成都。後

◀詩人學者余光中。

來在廈門大學讀了一學期，也從未去過福州。我的生命之中出現雙城的形勢，是從台北和香港之間開始，那時，七〇年代已近中葉了。

其實對我說來，七〇年代是從丹佛啓幕的。在落磯大山皚皚雪峰的冷視下，我在那高旱的山城過了兩年，詩文的收穫不豐，卻帶回來熱烈的美國民謠和搖滾樂，甚至宣稱：在踏入地獄之前，如果容我選擇，則我要帶的不一定是詩，而且一定不是西洋現代詩。

一九七一年夏天我回到台北，滿懷鼓吹美國搖滾樂的熱情，第一件事情便是在「人間副刊」發表我翻譯的一篇長文，奈德・羅倫(Ned Rorem)所撰的〈披頭的音樂〉，頗令一般文友感到意外。那時的台灣，經濟正趨繁榮，外交卻遭重挫，政治氣氛相當低迷。主編王鼎鈞拿到我的稿子，同樣覺得意外，並且有點政治敏感，顯得沉吟不決，但終於還是刊出了。不久我去各校演講，常以美國的搖滾樂爲題，聽衆很多。我對朋友自嘲說，我大概是台灣最老的搖滾樂迷了。同時我爲《皇冠》雜誌寫一個專欄，總名「聽，那一窩夜鶯」，原擬介紹十二位女歌手，包括瓊妮・米巧和阿麗莎・富蘭克林，結果只刊了瓊・拜絲和久迪・柯玲絲兩位便停筆了，十分可惜。

自己的創作也受到歌謠的影響。其實早從丹佛時代的〈江湖上〉起，這影響已經開始。在詩集《白玉苦瓜》裡，這種民謠風的作品至少有十首，日後的〈兩相惜〉、〈小木屐〉等作仍是沿此詩風歌韻。當時寫這些格律小品，興到神來，揮筆而就，無須終夕苦吟，卻未料到他日流傳之廣，入樂之頻，遠遠超過深婉曲折的長篇。像〈鄉愁〉、〈民歌〉、〈鄉愁四韻〉這幾首，大陸讀者來信，就經常提起。詩，比人先回鄉，該是詩人最大的安慰。

這當然是後來的事了。但是早在七〇年代初期，這些詩在受歌謠啓示之餘，已經倒過來誘發了台灣當時所謂的現代民謠。楊弦把我的八首詩譜成了新曲，有的用西洋搖滾的節奏，像〈搖搖民謠〉，有的伴以二胡低迴而溫婉的鄉音，像〈鄉愁〉，不過楊弦統稱之爲現代民歌，而且在一九七五年六月六日的雨夜，領著一群歌手與琴手，演唱給中山堂的兩千聽衆。這時，七〇年代剛到半途。

後來現代民歌漸成氣候，年輕的作曲者和歌手紛紛興起，又成了校園歌曲，歷七〇年代而不衰。但自八〇年代以來，這一股清新的支流漸被吸入流行歌曲的滔滔洪流，涇渭難分，下落不明。除了像羅大佑那樣仍能保持鮮明的反叛風格者之外，多半都已陷入商業主義，不但內容淺薄，歌詞尤其鄙陋。

2

在六〇年代的文壇，期刊雜誌曾經是爲嚴肅文學證道甚至殉道的重鎭。除了同人詩刊之外，《文星》、《現代文學》、《文學季刊》、《幼獅文藝》、《純文學》等雜誌，前前後後，撐持了大半個文壇。若要追尋六〇年代聖朝的腳印，多在此中，因爲那時報紙的副刊，除了林海音、王鼎鈞少數主編者之外，都不很同情現代文學，所以「前衛作家」之類不得不轉入地下，成爲「半下流社會」。

但是到了七〇年代，情況卻有了逆轉，副刊漸執文壇牛耳，文學雜誌卻靠邊站了。令人印象最深的，乃是崛起「人間」的「高信疆現象」。一九七一年我們退出聯合國，次年又與日本斷交，一連兩大重挫震撼了文化界，逼得我們不能不重認自己，檢討七〇年代初期這孤島驚險的處境。在文壇上，寫實主義與鄉土意識乃應運而生。高信疆適時出現，英勇而靈巧地推進了當年的文運，影響至爲深遠。方其盛時，簡直可以「挾繆思以召作家」，左右文壇甚至文化界的氣候。他的精力旺，反應快，腳步勤，點子也多，很有早年蕭孟能、朱橋的遺風，卻比前人多了大報的銷路、頻率、財力可供驅遣。從專題策畫到美工升級，從專訪、座談、演講、論戰到大型文學獎的評審，副刊在高信疆的運轉之下，發揮了前所未有的魅力與影響。

這情形，直到一九七八年瘂弦從威斯康辛學成歸國，才有改觀。瘂弦是一位傑出詩人，且有多年主編《幼獅文藝》的經驗，文壇的淵源深廣，接手「聯副」之後，自然成爲另一重鎮。於是兩大報副刊爭雄的局面展開，成爲文壇新的生態。在七〇年代，報禁未開，每天三大張的篇幅中，副刊最具特色，影響十分深遠。作家在大報上只要刊出一篇好作品，就爲文壇衆所矚目。反而在解嚴之後，各報大事增張，徒然多了一些言不及義的港式「無厘頭」副刊，模糊了文藝和消遣的區分。在「雞兔同籠」的混水裡，眞正的作家欲求一文驚世，比從前反而要難得多了。

七〇年代的文學期刊，只有《中外文學》和《書評書目》等寥寥幾種，影響不如六〇年代。兩大報的副刊不但讀者多、稿酬高、言論開放、文章整齊、版面活潑，且多海外作者，視界較寬。兩邊的編輯部有的是人力與財力，而且勤於邀約海外稿件，因爲當時台灣的言論與資訊限制仍多，海外學者與作家乃顯得見多識廣，尤以對大陸的情況爲然，何況人在海外，也比較不怕政治禁忌。所以夏志清的論評、陳若曦的小說，每刊一篇，常會引起一陣轟動。曾有若干作者，在台灣投稿不刊，去了美國再投回來，就登出來了。這種「遠來僧尼情意結」（因爲有不少女作家），引起一句笑談：「到人間的捷徑是經過美國。」

3

香港，當然也是一條捷徑。早在七〇年代，相對於台北的禁閉，香港是兩岸之間地理最逼近、資訊最方便、政治最敏感、言論卻最自由的地區；而在兩岸若離若接的後門，也是觀察家、統戰家、記者、間諜最理想的看台。

時至今日，還有天真的民族主義者、與後左派的知識分子，昧於香港的現實與民心，把珠江口那一列半島與群島，一曲漁歌變成的海市奇蹟，仍然看成十九世紀式受人蹂躪的殖民地，而鼓勵港人奮起，要反對帝國主義與資本主義，令「被壓迫的」港人感到愕然。

香港誠然是一塊殖民地，理應收回祖國，但是生活在那裡的中國人，尤其從七〇年代以來，只有比其他的中國人地區，更加自由、安定、富裕。它不是一個主權國家，談不上什麼民主，但以法治而言，則遠勝台灣與大陸，可

◀香港繁華的市街。

與新加坡比美。中共立國之初，毛澤東在天安門宣布：中國的人民站起來了！他這句大話是落了空，因爲站起來的只是國家，而眞正的人民，就民主、自由、法治看來，始終並沒有站起來。

我去香港中文大學的中文系任教，是在一九七四年的夏末。這決定對我的後半生，影響重大，因爲我一去就是十一年，再回頭時，頭已白了。如果我當初留在台北，則我的大陸情結不得發展，而我的香港因緣也無由發生，於是作品的主題必大爲改觀，而文學生命也另呈風貌。歷史的棋子把我放在七〇年代後期的香港，對我說來，是不能再好的一步。

但是初去香港，卻面臨一大挑戰。英語和粵語並行，西方和東方交匯，左派和右派對立，香港確實是充滿矛盾而又兼容並蓄的「第三個中國」：兩岸下棋，它觀棋，不但觀棋，還要評棋。

我去香港，正值文革末期，台灣在那裡的地位處於低潮，政治與文化的影響力至爲薄弱。另一方面，中共的勢力方盛，極左派主宰了一切。中文大學的學生會，口號是「認祖關社」（認識祖國，關心社會），言論完全追隨新華社，對台灣的一切都予否定。從九龍乘渡輪去香港，中國銀行頂樓垂下的大紅布條，上書「戰無不勝的毛澤東思想萬歲」，怵目驚心，在波上赫然可見。但這面雄視、紅視港九的戰旗，在毛澤東死後，立刻就不見了。

在那種年代，一個敏感的藝術心靈，只要一出松山機場，就勢必承受海外的風雨。香港，中國大陸統戰的後門，在文革期間風雨更大。首先，你發現身邊的朋友都變了。於梨華學妹進入大陸的前夕，在香港和我見面，席間的語氣充滿了對「新大陸」一廂情願的樂觀。溫健騮，我在政大的高足，準備研究《金光大道》做他的博士論文，並且苦諫落伍的老師，應該認清什麼才是中國文學的大道。唐吉訶德方欲苦戰風車，卻發現桑丘・龐沙，甚至羅西南代都投向了磨坊的一方，心情可想而知。

然後是左報左刊的圍剿，文章或長或短，體裁有文有詩，前後加起來至少有十萬字，罪名不外是「反華」、「反人民」、「反革命」。有一首長詩火力射向夏志清和我，中間還有這樣義正詞嚴的警句：你精緻的白玉苦瓜，怎禁得起工人的鐵鎚一揮？時間到了，終難逃人民的審判！

上課也有問題。我教的一門「現代文學」，範圍是五四以來的中國新文學，選課的學生少則五、六十人，多則逾百。可是坊間的新文學史之類，不外是王瑤、劉綬松所著，意識形態一律偏左，從胡適到沈從文，從梁實秋到錢鍾書，凡非左作家不是否定，便是消音，沒有一本可用。我只好自編史綱，自選教材，從頭備起課來。還記得在講新詩的時候，一位左傾的學生問我，爲什麼不選些當代進步的詩人如賀敬之之類。我正沉吟之際，班上另一位學生卻搶著說：「那些詩多乏味，有什麼讀頭？」問話的男生拗不過答話的女生，就不再提了。那女生，正是黃維樑的妹妹綺瑩。

每學期末批閱學生的報告，也是一大工程，不但要改別字，剔出語病，化解生硬冗贅的西化句法，更要指出其中史觀之淺陋、評價之失當，在眉批之外，更要在文末撮要總評。有一年的暑假，幾乎就整個花在這件事上。終於漸見成效，學生的流行觀念漸見修正。如此兩年之後，毛澤東死，四人幫下台，文革結束，香港的大學生們醒自社會主義的美夢，才眞正重新「認識祖國」。也就在這時，梁錫華與黃維樑新受聘於中文大學，來中文系和我同事。我們合力，糾正了新文學教學上膚淺與偏激之病，把這些課程漸漸帶上寬闊的正軌。

4

七〇年代的台北，曾經是不少香港人心目中可羨的文化城。以治安而言，當年台北遠勝於香港，僑生漫步於夜深的台北，覺得是一大解脫。一九七五年，中文大學入學試的中文作文，題目是「香港應否恢復死刑？」考生多以慨歎本地治安不寧破題，再引台北爲例，說明有死刑的地方有多麼寧靜，結論是香港應該學學台北。

那時香港的作家羨慕台北的報紙重視文學，不但園地公開，篇幅充裕，稿酬優厚，而且設立文學獎，舉辦演講會，對社會影響至鉅；也羨慕台北的書市繁榮，文學書籍出得又多又快，水準整齊，銷路也好。頗有一些香港作家願意，甚至只能，在台北出書。同時，台灣學生的中文程度，也要比香港高出一截。

二十年後，台北的這些優勢都似乎難以保持了。中產階級因治安惡化，政局動盪而想移民。作家們甚至在討論，文學是否已死亡。文學獎設得很多，獎金豐富，但競爭不夠熱烈，而得獎人別字不少，台灣是發了，但是發得不正常，似乎有點得不償失。

5

七〇年代一結束，我曾迫不及待，從香港回到台北，在師範大學客座一年。那時我離台已經六年，心中充滿了回家的喜悅，走在廈門街的巷子裡，我的感覺像「蟲歸草間，魚潛水底。」八〇年代的中期我回台定居，再見台北，那種喜悅感沒有了。我幾乎像一個「異鄉人」，尋尋覓覓，回不到自己的台北。

八年來我一直定居在高雄，不折不扣，做完了南部人。除了因公，很少去台北了。現在我的新雙城記似乎應該改成高雄對台北：無論如何，北上南下，早已八年於茲。但是我對台北的向心力已大不如前，不如我在港的年代，因爲台北似乎失去了心，失去了良心、信心，令人不能談情、講理、守法，教我如何向心？

倒數之感愈來愈強烈。二十世紀只剩下六年半了。九七之後香港在那裡？九九之後澳門在那裡？台灣，要怎麼倒數呢？大陸，該如何倒數呢？願我的雙城長矗久峙，永不陸沉。

成長的歲月

／林懷民

我們的報紙最初叫他肯奈迪，後來改稱甘迺迪。我記住這個名字，因爲年輕的總統在就職典禮上說：「不要問國家可以爲你做什麼？問自己可以爲國家做什麼？」

大四那年，去上研究所的採訪寫作課，美籍客座教授帶收音機來上課。還沒叫ICRT的美軍電台不斷播出羅勃·肯奈迪遇刺的消息。貝克教授要我們臨堂寫成文字報導。

那是一九六八。年輕人在「造反」，要改造世界。巴黎、東京、紐約，學生鬧學潮。中國大陸文革正熾，紅衛兵全國串連。世界離我很遠。政大穿了四年卡其褲，進了軍隊穿草綠軍服。沒有不好，因爲慣了，只覺得悶得慌。小學五年級起，生命唯一的職志彷彿就只是考大學。大學畢業了，唯一的出路彷佛只是出國。我躺在軍隊操場上，想不出必須出國的道理，可也找不到必須不出國的理由。很悶。

六九年夏，在舊金山機場入境，看到直通世界各大都市的航機時間表，在市場大街看到嬉皮長髮赤足彈著吉他，我驚愕，興奮得脫了鞋跑起來。世界何其大，生命可以自由，可以有許多選擇！

在艾荷華讀小說創作，大半的時間我在跳舞，晚上猛

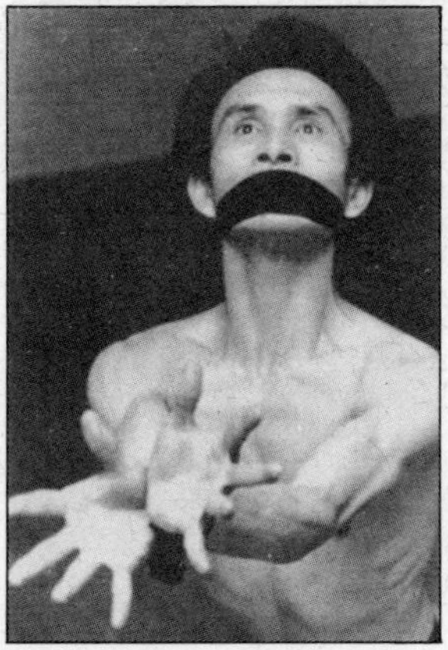
◀舞出一片天的林懷民。

讀巴金、魯迅、錢鍾書和沈從文。圖書館的人民畫報滿載文革的故事。我知道那是宣傳。但是在樣板戲和革命海報上，我第一次看到頂天立地的中國人形象，而爲之震動。「赤腳醫生」的報導，使我想起肯奈迪的「青年和平工作團」。我也去看了一部宣傳片，「一定要把淮河治好」。黑麻麻如螞蟻雄兵的中國人民令我心酸。然而，那個「一定」，讓我回家睡不了覺。

一日晚餐時，收音機傳來中華民國退出聯合國的消息。我靜靜吃完牛肉麵，靜靜洗碗，靜靜發現自己和台灣不能割捨的眷戀。

王渝和林孝信發起在台灣爲孩子們創辦兒童月刊——因爲七〇年代初兒童讀物極端貧乏——我負責發出募款信。在租來的閣樓裡，我用舌頭舐郵票，一張張寄付我的鄉愁。

釣魚台事起，我們到芝加哥遊行。三百人在冬雪中走過周日無人的密西根大道。沒有人聽到我們的口號。呼口號的拳頭只打在空氣裡。我感到無奈，卻又不願接受這份無奈。

同時，我恐怖的意識到，對於生養我的台灣的認識極爲有限。七二年回到台灣，立刻背起包包環島旅行去。中秋夜，頭城海灘火把點點，迎著太平洋的浪花，大人帶了小孩賞月。恆春小廟前榕樹下老者曲起隻腿坐在條凳上聊天。高雄加工區下班時機車浩蕩湧到大馬路。我知道我回到家了。

因爲這些歷程，雲門初創的宣言，不是藝術的理念，而是「中國人作曲，中國人編舞，中國人跳給中國人看。」一句民族主義的口號。事實上，年輕的衝動是單純的：別人有的，我們也要有。別人有舞團，我們要有，而且「一定」要有。

為什麼選擇舞團來參與台灣社會？不完全是個人清楚的抉擇。許博允、李泰祥、溫隆信，我大學時代仰慕的年輕作曲家，邀我用他們的音樂編舞。在文化學院現代舞課裡，我要學生右腳踮起，左腿抬到肩膀高，平衡直立十拍，學生一個個掉下來，只剩兩個女孩子抿著嘴，雙眼放光，一定要永遠掛在半空中，二十拍之後，我請她們落地。我被她們的「一定」感動了。她們的名字：鄭淑姬，何惠楨。何惠楨是客家人。創團迄今，頂住雲門屋頂的重要成員，經理、會計、舞者和技術人員，仍是客家人和客家媳婦，彷彿已經成為一個傳統。

那不是我的選擇。只是遇到了「一定」的同志。我學過舞，不曾，也不曾想過參加職業舞團，只是台灣沒有專業舞團，而我又撞上這樣一群可愛可敬的朋友。創團之初，我以為一兩年後，舞者們就可以自行管理舞團。我沒把錢的因素考慮在內。但是，那個時代又有誰想到錢？董陽孜說要題「雲門舞集」四個字，二話不說就揮毫了。音樂家沒談起作曲費。一兩位舞者真的像小說寫的那樣，餓著肚子跳舞。

沒想清楚，缺乏經驗，雲門首演之後，我不堪疲累，幾乎崩潰。俞大綱先生說，累了？我講《莊子》、唐詩給你調劑調劑。一首李義山，他可以講三四堂課。畫了長安地

◀雲門的催生者史惟亮。

圖，講了唐代服飾，一直說到教坊與勾欄。俞老師在怡太旅行社辦公室的課裡，有《漢聲》的吳美雲、黃永松、姚孟嘉，還有奚淞、蔣勳，以及後來的汪其楣。下課後，大家一起午餐，老師繼續談下去。俞老師也請我們去看平劇，子弟戲，戲後到九如吃湯圓，談戲。老師領著我去見大維先生，我第一次看到汗牛充棟的私人藏書……滿口「中國」的我，在老師的引領下，我開始體認中國文化。

史惟亮先生是雲門的催生者，他主持的省交主辦了七二年的首演。其後兩年，他爲雲門譜寫了「奇冤報」和「小鼓手」。史老師少年時代在東北擔任抗日地下工作，被日本人抓起來拷打。留學歐洲時，爲了籌學費，到西班牙礦坑挖煤。回台灣後提倡民族音樂，和許常惠先生到全島采風，在恆春發現陳達。清瘦的身子架住陳舊的西裝，來去匆匆爲理想奔波的史老師是七〇年代難忘的身影。

雲門第三年，經濟成爲不能再迴避的課題。葉公超先生一口答應爲舞團募款。首次募款籌備會不十分順利，他拉著我直往電梯走。多年之後，葉先生找了我去，問起舞團財務，說：「剛在香港賣了畫，這筆錢拿去用。」我不能拿那筆錢，卻學到比錢更沉深的慷慨。

大綱先生永遠和顏悅色，使人如沐春風，只有一次對我發了重話。我提起解散舞團的念頭，老師槌了桌子：「如果平劇一定要僵化、消逝，我絕不惋惜，可是，雲門是一個新的開始，不能剛開始就放棄。剛開始不順利，不成熟是必然的，你還年輕，只要堅持下去，吃再大的苦頭，總會看得到它成熟，總會得到安慰。我年紀一大把，看不到那一天了，但是我還是願意盡我的力量來鼓舞你們……你不許關門！」

春夜微雨，大稻埕廟前，邱坤良領著文大學生和靈安社老子弟野台演出。俞老師聽不懂北管裡的台語，卻怡然靜坐，微笑終夜。不知中原世家出身的老師，經過了何種歷程，決定以台灣爲家，以看到本土青年的成長爲樂。多年之後，我仍不十分了然，想起時總要凜然挺起背脊。

七〇年代，台灣開始成爲許多人關心，認同的主題。戰後出生的留學生陸續歸來。年輕一代要重新認識自己的家園。本土題材的報導，逐漸取代神州風情和美國新潮。《漢聲》諸君率先深入民間進行田野採訪，探討民俗、儀式、歷史，與文化環境。板橋林家花園被拆時，《漢聲》以跨頁呈現古蹟面對怪手的鉅幅照片。蔣勳在《漢聲》帶領讀者重尋郁永河當年旅台的足跡。奚淞報導他在阿里山達邦與鄒族人共度凱旋祭的酣醉經驗。《雄獅美術》、《夏潮》，推出一系列本土文化的介紹與評論。文學上興起鄉土文學論戰，那是一次文學與意識形態的抗爭。很多人沒有參加這場論爭，只以行動表達信念。席德進長年研究台灣古建築之後，以全部的生命畫出飽含水氣的台灣山水。西班牙回來的李雙澤呼叫著，要唱自己的歌！在淡海救人滅頂早逝之前，他爲我們寫出「少年中國」和「美麗島」。

七六年春天，南海路車水馬龍。洪通在美新處舉行首次個展。朱銘在歷史博物館首展。《漢聲》專題報導。衆人推著牛車上坡的「同心協力」，處理文革常用的「衆志成城」的題材，卻了無樣板氣，充滿了生活與人性的溫暖，不僅刻畫台灣鄉間常見的景象，也成爲退出聯合國後，社會齊心打拚上進的象徵。雲門躬逢其盛，在藝術館推出爲兒童編作的「小鼓手」，也邀得大鵬劇校學生同台示範國劇動作。小朋友精神抖擻，虎虎生風，觀衆感動得熱淚盈眶。

「人間副刊」策畫的「人間關懷」，以一周的篇幅肯定這三項本土滋長的藝術活動。這只是序曲。隨後「人間」推出報導文學系列，鼓勵腳踏實地，關心台灣的態度與行動，爲日後波瀾壯潤的報導文學，乃至社會運動點燃了火苗。七〇年代是「起步走！」的年代。七六年春天，是我一輩子最快樂的回憶。天空晴朗，希望無窮。我永遠忘不了，看完朱銘「同心協力」，又跑到中山堂重讀黃土水鉅幅壁畫之後的幸福感。

俞老師看完「小鼓手」，一個禮拜笑呵呵。席德進提著尿袋來看舞。罹患癌症的史惟亮先生抱病來爲舞者打氣。其後兩年，長輩俱去。很長一段時間，我無法適應無人呵護，無人可以請益，必須獨自面對雲門重擔的局面。七七年，雲門首度到鄉鎮表演。七八年，中美斷交之夜，雲門在嘉義體育館爲鄉親首演「薪傳」，我第一次覺得自己可以是個有用的人，第一次覺得自己眞正回到了家。

七〇年代是我啓蒙與成長的歲月。許多年之後，我仍記得那兩個「一定」要撐在半空中的年輕舞者，時時想起不同口音、不同身教的長輩；也溫暖的感知到當年同時起步，到了九〇年代兀仍堅守崗位，仍然廢寢忘食奮力打拚的朋友。原來，使命感無關口號與意識形態，所謂堅持，只是努力生活，只是愛的實踐。

拓荒者的故事

從「新女性」到「民主人」

／呂秀蓮

七〇年代是我個人生命中顛沛坎坷的十年，卻更是台灣社會爲重生而先浴火的年代。

就在那個年代伊始的七一年夏天，我學成返台前在洛城歇腳，一位精通測字的友人說要預卜我的未來。我順手抓起餐巾紙寫了個「千」字，那「／」字在紙巾頂端，而「丨」直直地垂到紙盡頭，朋友靜思了一回，然後說：「妳回去後將會頂天立地！」

我何德何能？頂什麼天？立什麼地？想來想去，可不是——

從一九七一到七七年，我確實卯足全勁在鼓吹婦女擔起半邊「天」。七八年底我開始爲台灣前途奔波吶喊，一年之後就因美麗島事件而入人間「地」獄，前後昏天暗地一千九百三十三天。

政治意識、女性意識

由新女性運動到黨外運動，很多人不清楚其間轉折的道理，一些婦運同僚埋怨我不該獻身政治而使婦運中途受挫，一些黨外同仁讚賞我的政治理念，卻礙難支持我的新女性主張。直到浴火重生之後，終於有人慧眼識破其間的

◀美麗島大審中的呂秀蓮。

道理：「左手新女性，右手民主人。」（《遠見》雜誌第61期）

新女性主義的號角是在政府爲「大專聯考女生越來越多」煩惱，社會爲準博士不甘戴綠帽手刃髮妻叫好的保守環境中吹響起來的。而我所以縱身黨外運動，乃因有感於美國即將與台灣斷交，但舉國上下一片茫然無知，爲突破新聞封鎖，喚醒民衆，於是燈蛾撲火，毅然放棄學業專程返國，透過選舉政見會，警告美「匪」即將建交，呼籲台灣前途端賴自保。

無論前者或後者，坦白說，一切均出於當年我自以爲神聖的「使命感」，總覺得不如此便枉負青春年華；提倡新女性時，我年方廿七、八，鋃鐺繫獄那年，我芳齡卅六。

可是我又爲什麼要從「新女性」變做「民主人」呢？有些人替我解釋說，因爲我推動婦運受到政治迫害，才恍然大悟國民黨非反抗它不可。然而根據調查局的逼供，我是被海外台獨分子蠱惑才誤入歧途的，調查局甚至強迫我承認，「當初提倡新女性主義完全出於顛覆叛亂的意圖，希望使國民黨高官起家庭革命，使社會紊亂。」

事實到底是什麼？

調查局的逼供誠屬「欲加之罪，何患無辭」令人啼笑皆非，但若說我因從事婦運才萌生政治意識，未免「倒果爲因」。事實是，一九六九—七一年間，我先在美國唸書，又到歐陸各國遊歷，所見、所聞、所思，在在讓我覺悟到台灣非改、非變、非革不可。

如何改它、變它、革它呢？甫出校門，未經世事，籍籍無名的我，對於當時的政治體制，感到既龐大，也可怕，自覺無能爲力對抗國民黨怪獸，於是退而求其次，揀選了一個看不見、摸不著的敵人——男性中心社會傳統去挑戰。原以爲這樣較安全，較便宜，較容易，然而事實證明，我錯了。

新女性運動的苦辛

從一九七一年十一月發表「檢討傳統的男女角色」檄文，到一九七七年九月負笈哈佛深造爲止，我用將近六年的時間演講、撰文、辦活動、經營「拓荒者之家」與「拓荒者出版社」，以及在高雄和台北設立「保護妳」專線服務婦女同胞……。新女性思想是傳播開來了，兩性平等的藍圖也已描繪出來，獨立自主的姊妹也逐漸多了起來。但是，我個人所遭受的打擊和壓力，卻如千斤重擔般喘不過氣，只好棄甲曳兵離去。

想想看廿年前的台灣是一個怎樣封建、保守的時代，東海大學可以公然因女生宿舍不夠而限制女生名額，絕大多數的丈夫都以不讓太太出外工作證明自己的養家能耐，而絕大多數的父母則視女兒上大學無非替她找金龜婿看待。而我竟在那樣封建保守的年代，抨擊男尊女卑，抗議性別歧視，呼籲每個人「先做人，再做男人，或女人！」

自然，有人喝彩，有人冷眼相待，更有橫眉豎目，恨不得把我罵死、掐死的，所謂「譽之所至，謗亦隨之。」在那六年當中，有時我因衆多的喝彩鼓舞而心懷感激，但更多的時候，我必須飲恨含淚，忍辱負重下去。這其間，最卑鄙的羞辱是一些汚蔑下流的匿名信，最殘忍的打擊是警總或調查局的臥底、中傷和破壞。每天在我拆開信封以前，我必須暗作祈禱，希望拆開的不是又一封惡毒的「黑函」，更痛心的是，經常在我熱心的支持者當中，我必須留意那一個可能是特務、抓耙仔。

讀者朋友，您可知道當年「拓荒者之家」咖啡屋的賴姓經理是調查局派來臥底的嗎？您們還記得何秀子死後，報章雜誌連篇累牘地攻訐謾罵，根本出於情治單位的傑作？「保護妳專線」所以被迫關閉，也是因我不愼「引狼入室」被從中破壞，不得已的結果啊。

終於在六年的嘔心瀝血，筋疲力竭之下，我忽然被宣告罹患甲狀腺癌；命運像一個扒手，在我爲兩性平等奮鬥時，它竟不聲不響扒走了我的健康。

還好它並沒有扒走我的生命，所以我還有機會在開刀五年之後，被扒走了自由和尊嚴，和母親。

民主人的代價

如前所述，我縱身反對運動，緣起於幼稚的使命感，我因聞知美共將建交，專程返台參選，預告惡耗致觸怒當道，一九七八年國大代表選舉中途叫停，我是第一個被謠言所傷的人。停選後參加《美麗島》雜誌社，推動一系列黨外運動，主張解除戒嚴令，開放黨禁、報禁、國會全面改選，甚至重返聯合國，都是我們當年的政見，這一切的主張，近年來均已逐一兌現，或正在推展。然而當時，白色恐怖猶存，特務統治無所不用其極，我們這些黨外人士，每天南奔北跑，披星戴月，簡直「明知山有虎，偏向虎山行」，被餓虎撲掠，終是遲早的事。

果然七〇年代快要落幕的一九七九年十二月十日，南台灣爆發了驚天動地的高雄事件。高雄事件最原始的面貌是這樣的：

《美麗島》雜誌社爲紀念世界人權日在高雄辦演講，群衆興奮地期待聆聽黨外名嘴名言，情治單位忽而答應忽而不准。《美麗島》堅持演講要舉行，群衆堅持非聽下去不可，而情治單位則在忽准忽否中暗地裡調兵遣將，表面上是「罵不還口，打不還打」，實際上是利用黑道和特工突襲憲警，嫁禍「美麗島」，以達成「攘外安內」的目標。

高雄事件原本與我無關，我既未參與籌畫，當晚根本不擬下去，只因事前發生警察毆打《美麗島》職工，群情激憤，身爲雜誌社副社長，臨時被通知下去處理，後來因目睹大軍壓境，而且未暴先鎮，於是義憤塡膺，上台發言，我抨擊國民黨處置不當，也剖析台灣政局，呼籲修改基本國策，主張台灣前途應由人民自作決定。當時全場鴉雀無聲，人人昂首摒息聆聽我的演講，時而掌聲如雷，時而有人潸然落淚，我的演講堪稱當晚最長也最重要的。那知驀地迎面駛來大批鎮暴部隊，以瓦斯和催淚彈襲擊數萬現場群衆，群衆只好就地取材，棍棒齊飛，在警民混亂中，雙方互有傷害。

於是我成爲高雄事件第一個被捕下獄的人，於是我被以「台獨暴力叛亂」交付軍法審判，於是我被判處十二年有期徒刑，褫奪公權十年，實際坐牢五年四個半月，一千九百卅三天，爲的只是廿分鐘不到的一番演講。

春泥護花語

從新女性運動到黨外運動，是我個人生命中極艱辛的一段，卻更是台灣現代化中不可或缺的環節。我對自己所失落的健康和自由，無所怨尤。「落花豈是無情意，化作春泥更護花」，看著眼前年輕蹦跳的小妹妹們，那麼理所當然地享受自由和平等；看著街頭上嘻笑漫步的示威遊行者，那麼自以為傲地吶喊叫囂，我想，所有的血和淚，恨和痛，俱都煙消雲散矣。

只是小妹妹們啊，妳在揮霍自由時，可曾想到前人一步一血淚？而街頭小老弟們，請別以爲你才是唯一的勇者。

且讓我們回首頂天立地的七〇年代，瞻望海闊天空的廿一世紀到來。

不安的山

記七〇年代的一次旅行

／劉大任

「人間」編者要我寫篇文章談談七〇年代，特別指定要我寫保釣及保釣以後的七〇年代。這個題目，對我來說，是個不大不小的難題。從大的方面看，保釣運動與那個時代的國際環境和國家民族前途問題，應該由歷史學家來論斷，這個專題，目前顯然還是一片空白；從小的方面看，我雖然是保釣的積極參與者，二十年後，從個人的角度回顧一下那個時代，固然不算過分僭越，而且，也可以說是知識分子的責任，然而，這二十年（從保釣醞釀、發動到今天，已經快二十三個年頭了）的變化實在太大，似乎只有用我們初中作文常用的一句陳腔濫調「旋乾轉坤」才能形容。此外，當時彷彿沒有什麼歧見、甚至已經產生了同志般感情的大批參與保釣的朋友們，在這二十年的巨浪反覆中，也都程度不同地經歷了翻滾、上下、起伏。即便從個人的角度出發，要想通過深刻反省、相互辯論，對二十年前發生的事件進行總結，我相信，不可能取得什麼共識。保釣經驗像歷史沉渣，深埋在每一個參與者的意識深處，在大家的頭頂變成白髮，在彼此的臉上刻下皺紋，這，也許可以說是我們的「命運共同體」。

所以，對於「人間」編者的這個提議，我一開始採取

一九七二年尼克森前往北京會見毛澤東。

的是「拖延戰術」。我想，反正他們要編的是個專輯，有一定的時間性，拖過這段時間，就不用交稿了。

改變我初衷的是編者的第二次催稿電話。在這次通話中，他替我做了一些設想：可不可以從青春、反叛、性與政治這個角度談一談保釣？

我被這種想法激動了。

我相信，保釣那一代的人，無論左派右派、保守或激進，絕不會有人從這個角度看保釣。我突然發覺出生比我們晚十幾年的「人間」的編者，確實是不同的一代。他們更習慣於從人性這個廣角鏡裡看世事，不像我們，老糾纏在是非對錯中；他們超越的一些東西，是我們無從避免的。更因此讓我激動的是，我意識到他沒有把我當成一個什麼「分子」，幾乎無需任何僞裝，他眼中的我，在我的感覺中，只是一個有血有肉平凡普通的「人」。

我因此覺得受到了啓發，也因此決心寫這篇文章——從「人」的角度回憶，從「人」的角度寫。我選擇寫一九七四年我到中國大陸的一次旅行，因爲，作爲一個「人」，那次旅行的體會，幾乎是致命的。

眞理在海的那一邊！

那次旅行發生在一九七四年四、五月間。你如果不健忘，應該知道，那時候，林彪事件雖然發生了，但海內海外沒有幾個人了解它的底蘊；蔣介石、周恩來和毛澤東，三個主宰中國人命運半世紀以上的偉人，都還沒死，也看不出任何他們即將鬆手的跡象；「文攻武衛」的血腥場面雖然大致過去了，文革並沒有結束的徵兆，四人幫正在各地發展民兵組織，鄧小平還沒有出山。如果那時候大陸內部能夠感覺到內戰一觸即發的緊繃氣氛，在海外，這種氣氛完全不可捕捉。從海外看大陸，不僅是保釣的左翼主流，整個西方世界的學生運動、反戰運動和美國的民權運動，包括當時聲音最大最能代表人類良知的思想學術界、文化輿論界，都或多或少地把中國大陸的文革運動看成是人類歷史上意義重大的實驗，沒有人敢說那是一場災難，甚至「浩劫」。

我們一共三家人，大都三十出頭的年紀，攜家帶眷，就在這個變局將來而未顯的時刻到大陸去旅行。

這趟旅行，有一點「取經」、「朝聖」的意味，也有一點「印證」、「檢驗」的企圖。

我必須先說明，進入大陸之前，我們對那塊被我們的父母輩譴責痛恨，被所有我們瞧不起的人誣蔑濫罵的地方，究竟抱有什麼樣的印象，以及這種印象，究竟是從什麼樣的資訊渠道得來的。

七〇年代以前的中國大陸，在我們那一代的心目中，是一個了不起的地方。不僅值得我們探討、追尋、學習，而且，對我們之中一部分有勇氣追求理想與眞理的人而言，那裡發生的驚天動地的變化，值得我們獻身一輩子，値得我們爲之犧牲。因爲，我們深信，人類的希望，就在那裡。

我記得，一九六三年暑假，有一天，我在夏威夷大學的校園裡散步（我那時是夏大東西文化中心的一名研究生），忽然看見一株大樹底下有個熟人，就叫他F吧。F是我的前輩，比我到美國早幾年，在美國中西部一間大學唸數學，那個暑假，他到夏大訪問，寫他的博士論文。我曾在一些社交場合見過F，人多的場合，沒有深談，但我的直覺告訴我，他有點與衆不同。我知道他是桃園人，碩士讀的是哲學，喜歡聽普洛可菲耶夫，喜歡舊俄小說，這在當時的夏大留學生圈子裡，是很稀有的嗜好。他在樹下吃午餐，我走到他身旁坐下，覺得是個很好的交朋友的機會。

沒有談多久，我便覺得可以交心了。我直截了當問他。我問的問題，是我當時心中的一個大祕密。他的回答，也一樣直截了當，他說：

「眞理在海的那一邊！」

我說這個故事，用意其實很簡單。在那個年代，說眞理就在「匪區」，話如果傳到台灣，是要面對砍頭的。然而，「眞理」就有這麼大的力量，兩個相交不深的人，只要覺得靈犀相通，便可以交心。砍頭是嚇不倒什麼人的。

但是，尋找眞理的心情雖然如此熱切，尋找眞理的資訊渠道，卻十分艱難。

唉呀！不好，到了匪區了！

在台灣，你可以冒生命危險，找禁書、偷聽廣播、在人群中發現和追蹤那些爲數極少而且不一定可靠的「曾經滄海」的人。

在美國，雖然沒有立即的威脅，資訊來源也十分有限。當然，有不少煽情和取向比較褊狹的書，例如：唐人的長篇說部《金陵春夢》,陳少校的幾部國共戰史:《酒畔談兵錄》、《逐鹿陝川康》、《關內遼東一局棋》、《金陵殘照記》和《黑網錄》,早在六〇年代,已經成爲留美學生的熱門書。但這些作品,影響究竟有限,基本上只起到對台灣反共教育的反洗腦作用。態度更嚴肅的人,追求的範圍更深更廣:二、三〇年代的幾場重要論戰,三、四〇年代的左翼文學作品,五、六〇年代反映革命過程和階級鬥爭的大部頭小說(舉例說:柳青的《創業史》,楊沫的《青春之歌》,周而復的《上海的早晨》,周立波的《暴風驟雨》、《山鄉巨變》,羅廣斌和楊益言合著的《紅岩》),都是那個時代尋夢人的必讀之書。但是,這一類書目,作爲那個時代留美學生思想活動的參照系,只說明兩個方面:知識上的好奇與彌補歷史斷層的心理需要。眞正在思想上和行動上起了主導推動作用的則是更硬性的東西:馬列經典著作、毛澤東選集、聯共黨史、國際共產主義運動的論戰以及一部又一部的叢書,例如:《中國農村的社會主義高潮》、《星火燎原》、《紅旗飄飄》和各種形式與內容的小冊子。

除了書,還有報紙、刊物和電影。

六〇年代末到七〇年代初,美國大學校園裡能夠接觸到的介紹中國大陸的電影,早期有菲列克斯·格林和文德加·斯諾的記錄片,後期則出現了大陸自己出的記錄片「大寨」、「沙石峪」、「紅旗渠」,以及革命樣板戲拍成的電影。

構成那個時代「中國」高大形象的資訊來源,除了以上這些只可能從圖書館和校園活動中尋得的以外,反戰運動自然也隱約把中國描繪成正義的化身,研究中國的學術思想界，當時正經歷自己內部的革命，大部分年輕一代的學者，從AAS（亞洲研究協會）裡分裂出來，形成了親中國的組織CCAS（關心亞洲學者委員會），開年會時，經常對著幹。我還記得七〇年代初，有一天聽NBC的新聞評論，評論員對中國大陸當時實行的幹部下放政策，居然有這樣的評語：「這也許不是個太壞的想法，想想看，如果華爾街的經理階層不時到農場去勞動一下，不是很健康的嗎？」

我腦子裡的中國，一過羅湖橋，便地震了。

我現在還清楚記得，第一眼看見深圳邊防站上無精打采的解放軍士兵，突然產生一種本能的恐懼，心裡對自己說：「唉呀！不好，到了匪區了！」

這是完全不合邏輯的。對於中國現代革命史，我至少已下了七、八年功夫了；許身革命，也不止三、五年了，現在，剛剛踏上世界革命最神聖的土地，怎麼竟產生這樣的生理反應呢？

我忽然發現我全身的感覺，跟我第一次被送進入伍訓練的軍營時完全一樣。

走，去看看社會主義新農村！

當晚住在深圳的華僑飯店，我不敢把我的感覺透露給同行的戰友。但我也約略感覺到，戰友們的心理狀態，也有些異樣。那天下午的經驗，的確不太尋常。

必須說明，一九七四年的深圳，與今天台胞們看到的深圳，可是天差地別。那時候的深圳，不過是個農村。華僑飯店就在火車站旁，建築與設備，跟五〇年代台灣大學生的宿舍不相上下。旅客從深圳車站下車後，開始通關。這個海關檢查，是我這一輩子經驗過的最荒謬的。

因爲是美國來的，我們的身分被看成比較特殊，所以給請到一間會客室裡。一名解放軍（文革時的解放軍取消了軍階和軍銜，因此不知道他的身分）過來，把證件全部要走，然後大概有兩個小時，不見蹤影。每十幾分鐘，便有一名不同的解放軍進來，好像在盤問，又好像只是聊天。沒有人告訴我們出了什麼問題，也沒有人可以問，還要等多久？等什麼？但是，這是最上等的待遇。

會客室外面，是港澳同胞和東南亞華僑通關的地方。那是一個天棚遮蓋下的大統倉，旅客的行李，全被打散、拆開。食品、衣物、日用雜貨，滿滿撒了一地。這那裡是海關檢查，完全是難民營碰到了土匪打劫。

晚飯後，同行的乙君說：走，去看看社會主義新農村！

應該說，深圳不止是個農村，規模比村子大得多，算得上是個集鎮，因爲它有幾條街，街上還有些商店。從華僑飯店到街上得通過一條泥路，路兩旁都是水田，大概要步行二十分鐘。這二十分鐘走過的水田，今天都成了尺土寸金。

這個社會主義新集鎮，眞是十分詭異。

我們到達的時候雖已天黑，也才不過八點多鐘，街上大部分商店都打烊了。整條街上的照明，主要靠月光偶爾看見的幾盞燈，燈泡的亮度大概是十五支燭光左右，可是，街上卻有不少人閒逛，你完全不清楚他們在街上逛的目的是什麼，因爲根本沒有櫥窗可看。有一家店開著，我們也跟著人潮逛進去。店裡的景觀十分驚人。一共兩列櫥櫃，櫃檯後面站著幾個呆若木雞的售貨員，看她們的表情，防盜甚於推銷。商品的種類大概屈指可數，毛巾、肥皂、牙膏、搪瓷茶缸和鋁面盆以及一些衣物，就這麼些日用品，然而，店裡塞滿了人，大家圍著那兩列櫃檯繞圈子轉，沒有人買賣，也沒有人說話。這場面你不知作何感想，如果把一切相關的前因後果抽去，你會覺得你在看一場外外百老匯的荒謬劇。

更荒謬的是在一條冷巷中看到的。那條巷子很窄，兩個人依牆對坐，腳可以碰到腳。我們看到的正是這樣。依兩列牆根，坐著兩排小孩，大約八、九歲到十三、四歲，男孩、女孩都有，也沒有人說話，像嬉皮士的派對，只不過傳遞的不是大麻或LSD，而是香煙。

那天晚上，在抽水馬桶整夜失靈沒水而房門又關不攏的華僑飯店裡，一夜難以成眠，我絞盡腦汁說服自己。第一，我所以會產生「匪區」這種反應，足見國民黨的反共宣傳多麼厲害，一直到今天還牢牢紮在我的深層意識裡；第二，社會主義農村之所以貧窮、失序，正說明帝國主義封鎖中國給人民帶來了深重的苦難。

然而，有些困惑是無論如何都不能以這樣的推理來解決的。

走出神話國，回到人間，回到文學

一九七四年大陸還沒有對外開放，前往中國旅行的人，主要是東南亞的探親華僑，而且以下層社會的華僑爲主。這就是我們看到通關路上給隨意踐踏的那群人，這群人，同我們這批從紐約坐豪華客機前往朝聖的賓客相比，不正是革命所要拯救、解放並以之爲靠山的先進勞動階級兄弟嗎？爲什麼他們的待遇與我們相差如此？

把所有道德等帶有階級烙印的上層建築價值色彩略而不論，僅就處理事務的純技術手段衡量，爲什麼人民當家作主的社會制度裡，設計不出合理有效的辦事方法和制度呢？

帶著一大堆類似的困惑和內心的多重矛盾，第二天繼續旅行。我們一共跑了廣州、桂林、上海、杭州、蘇州、南京和北京。我們自己一家後來又去了江西省會南昌探親。這些困惑和矛盾，不但沒有減少，反而日益複雜。

舉例說，在上海，旅行社安排我們去參觀少年宮。這個項目，在海外早有所聞。小學生下課以後到少年宮繼續進行課外活動，不但有益身心，而且不要一文錢，這種制度，當然只有社會主義才做得到。在一間相當乾淨明亮的房間裡，看見十幾個小孩下棋。但我注意到圍棋棋盤上的黑白子擺法非常奇怪，以爲是一種新創的下法，忍不住問了下棋的小孩。他告訴我，他下的是圍棋。這就奇怪了，我圍棋的功力雖不算深，但基本定石也略知一、二，金角銀邊爛肚皮的簡單原理總明白，而兩個小孩一開始便慌慌張張地抓棋子往爛肚皮裡亂擺，一下子拆穿了把戲，原來這個少年宮,根本是臨時湊出來唬唬我們這些「貴賓」的。

諸如此類的荒唐事實在寫不勝寫,也無需細寫。總之,我嚮往已久的旅程，入關以後，便一日日從「取經」、「朝聖」轉向「印證」、「檢驗」。然而，隨著這一過程的深化，我發現我心裡的紊亂程度，也日甚一日。

從南京到北京，我同C君共一個車廂。我們兩個人在行車的一夜中喝光了一瓶五糧液。抵達北京的第二天晚上，同行的戰友都被招待看晚會去了，我留在賓館裡，一位前兩年自願回國參加革命的朋友來看我，我道出了心中的一部分疑惑，那位朋友只是癡癡地瞪著我看，不太說話。我們過去是無話不談的，然而，回來不到兩年，他已經不太說話了，而我才剛剛到達什麼話都忍不住的地步。我心裡一陣噁心，衝進洗手間，臉剛俯下去，便吐了一面盆的污血。

那天晚上，幸好有這位朋友在，否則的話，在那座又亂又冰冷的官辦賓館裡，不可能找到任何人送我去醫院急救，我的血壓因爲嚴重脫水，已經降到五十以下的危險程度。

二十年前的這次旅行，是我生命史上一個重要的轉折點。對我個人而言，走出神話國，回到人間，回到文學，都從這次旅行開始。

一九八五年，在台北，幾乎二十年不見的老友楚戈給我打電話。「我要送你一張畫。」他說。我在畫廊裡看了不久，便一眼看中他那幅「不安的山」。我知道，他那時正在與癌細胞搏鬥。

「不安的山」如今掛在我寢室的一面牆上，這幅畫，不能算是他的傑作，構圖有點亂，色彩有點沖，雖是表現

「不安」，但畫者的眼，畫者的手，畫者的心，似乎都未能超越，而爲「不安」所俘。然而，我還是愛這幅畫，每次看它，都給我似曾相逢的感覺，就像法文的這個片語：de-jaru。

我的七〇年代，那一段夢魘，往往與這一失去了美感距離卻無端顯露了「人」的脆弱的錯置幻覺重疊。

今年初春，我又去中國大陸旅行，經過美國西岸，一位老友問我：「還去那鬼地方做什麼？」我也許苦笑了一下，沒有回答他。但我想，總有一天，我會這麼回答他：「我心裡的『不安的山』，不是中國。」

戰後新生代的養成期

／林正杰

每個時代總可以找出一些座標。

九〇年代的台灣政治可以拿政黨當座標，而在九〇年代以前，「雜誌」則是人們觀察當時時事政治發展的主要座標，整個七〇年代其實就是從《大學雜誌》創刊到《美麗島》雜誌停刊的一段歷史，要回顧這段歷史，就讓我們來回想幾本雜誌。

一九七一年，《大學雜誌》創刊，當時我正是東海大學政治系的學生。那時候的東海，連一個像樣的書報攤也沒有。我們蓄著嬉皮頭，每天牽著小狗上課，閒散鬼混，聽外國老師講六〇年代美國青年學生如何英勇反戰的運動與故事。

大一夏天，我到台中成功嶺去參加暑期大專學生訓練，認識了來自台灣各地不同學校的學生，其中有些台大學生談起了《大學雜誌》，那是我第一次聽到《大學雜誌》這本刊物，當時我還以爲是一本台大學生的校內刊物，我的無知隨即引來一陣嘲笑。殊不知，當時剛創刊的《大學雜誌》，匯聚了張俊宏、關中、楊國樞等青年才俊，是一本甚有來頭的刊物，爾後，還成爲蔣經國取得權力過程的「紅衛兵」，可以視之爲蔣經國動員社會力量的主要工具。

七〇年代初期的東海大學雖然政治氣氛至爲稀薄，但是在學校圖書館卻飽藏著五〇年代、六〇年代的書籍雜誌。我們系上一位教授李聲庭，經常將他發表在《自由中國》和《文星雜誌》的文章印給同學傳閱參考。此一機緣，使我雖遠在東海仍可以從《自由中國》和《文星》雜誌的文章中，逐漸醒悟到，過去初高中時期，教育體系教導的國家、政治觀念是有問題的。同時也開始了解到五〇年白色恐怖的可怕和台灣追求民主的困頓。其實在後來參與黨外運動的人士中，不只我受到《自由中國》與《文星》雜誌的啓蒙，像姚嘉文等人也都是看《自由中國》雜誌長大的。

換句話說，五〇年代《自由中國》雜誌已爲台灣的民主運動播下了種子，雖然經過「白色恐怖」的整肅，《自由中國》停刊，到六〇年代，大家也閉口不談政治，但是《自由中國》的種子，轉換成《文星》雜誌形態，繼續醞釀。當時的《文星》雜誌是以一本反傳統、追求現代化的思想啓蒙刊物出現，將許多外國思想介紹給國人。《文星》時代我才在讀初中，直到上了大學後才補讀，看的時候實在十分過癮。

如果，五〇年代的自由中國是一顆追求民主現代化的種子，六〇年代的《文星》雜誌可以說是已經開始成長的芽苗，到了七〇年代的《大學雜誌》，這個民主幼苗已經逐漸長成一棵小樹。

《大學雜誌》的創刊，代表的是當時一群青年才俊的集結，像施啓揚、李鍾桂、關中、張俊宏、楊國樞、許信良等人，都在《大學雜誌》冒出頭角，而李登輝總統在當時，就像現在的瞿海源教授，是被《大學雜誌》常邀請去參加座談會的學者。「國會全面改選」是雜誌最積極討論的議題，如今回首，可以知道，台灣追求民主的「氣」，已在這個時期節節上升，而我，是在那個時代讀大學的。

其實，《大學雜誌》茁壯的七〇年代，乃有其國際形勢的背景和影響。全世界的青年學生運動，在六〇年代成爲一股炙熱的浪潮，這些學生到了七〇年代雖然已逐漸沉潛，但是許多受此一運動感染到的知識分子也慢慢擴散到世界各地。東海大學因爲是一個教會學校，因此是當時全台灣可以聘任外國老師的唯一大學，他們與同學一起郊遊烤肉，抱吉他唱歌，關係十分親密，也時常將一些好書、好的錄音帶介紹給同學認識。我們在課堂上一起高唱反戰歌曲，聽美國學生火燒徵兵令的事蹟，吸收到「學生政府」的觀念，心中充滿著「有爲者亦若是」的熱情，並逐漸學習到美式民主的風貌。

我們雖然來不及參與六〇年代全世界青年運動這場盛宴，但是仍然可以感受到運動擴散出來的餘溫。

七五年，蔣介石過世，社會如喪考妣，連東海那種政治氣氛很不濃厚的地方，都有人出來組成「早覺會」，每天早上集體跑步，答數，記得有一次，早覺會的人跑步經過我的宿舍前，對著還在睡覺的人大叫：「蔣公都死了，你們怎麼還在醉生夢死」，而我正是被他們批評「醉生夢死」的「嬉皮」，結果我就拿了一盆水把他們淋了一身落湯雞，後來知道，馮滬祥是其中之一。旋即又有一些親黨部的教

◀黨外時期極活躍的義工——陳菊。

官、同學在學校發起連署捐錢，主張在校園內設置蔣介石銅像，我不但不捐，還在連署簿寫上「反對偶像崇拜」幾個大字，現今回顧那一段時期，我是在嬉皮文化，《自由中國》和美式民主的薰陶下，學到了方勵之式的民主ABC，帶著一些膚淺的政治理念離開東海大學，進入政大。

政大，是我開始接觸實質政治的另一個階段。

經過在成功嶺被嘲笑不懂《大學雜誌》的經驗後，閒逛書報攤成爲我的一大休閒，有一次我在路邊買到了一本《台灣政論》，那是我第一次看到黃信介、張俊宏、姚嘉文、黃華、康寧祥等人的名字。這本刊物，不像《自由中國》有深厚的政治理論，也不像《文星》雜誌刊載著豐富的知識，但是它草根性濃厚，對當時的時事加以評析，看這本雜誌就像嚼一顆南台灣的檳榔。

爲了更進一步了解這本雜誌，有一天我就跑到學校圖書館去找資料，我向一位長得胖胖的圖書館小姐詢問，館裡有沒有《台灣政論》這本雜誌，那小姐看我一眼，隨後，她不只給我《台灣政論》，還將館裡甚且她私人收藏的三〇年代禁書，全都介紹給我，這位小姐，就是陳菊。

那個時候的陳菊，幾乎可以說是黨外新生代，專事大串連的紅衛兵頭頭，她不但將各色各樣的禁書介紹給我，同時也一步一步將許多活躍在黨外陣營的人士介紹給我認識。透過陳菊，我認識了黃信介、張俊宏、郭雨新、司馬文武和《台灣政論》的編輯部，也認識了當時還在台大唸書的一批黨外新生代，如邱義仁、田秋堇等人。記得當時，我們常在西門町的「相見小吃」與張俊宏、黃華聊天，也常到郭雨新開的羅馬賓館認識許多地方人物，自此，我從一個閱讀政論雜誌的讀者，逐漸投入實際的政治活動。

七〇年代，國民黨的社會控制是相當嚴厲的，想申請一份雜誌十分困難。《台灣政論》遂在社會條件的逼迫下宣布停刊。隨後張俊宏、陳黎揚等人辦了另一本雜誌叫《這一代》，於七六年正式出刊，那時我常幫雜誌寫文章、當義工，就在《這一代》雜誌出刊時期，張俊宏與許信良分別參與省議員和桃園縣長的選舉，我也因此，投入許信良的助選工作，並親身經歷了一場中壢暴動。

選後，政治形勢肅殺，黨外陣營又面臨無雜誌可辦的處境，當時恰好有一位經營飼料的朋友，爲了他的飼料促銷申請了一份叫《富堡之聲》的雜誌。我與陳菊、張富忠、姚嘉文等人顧不得雜誌原來是要賣飼料，將這本雜誌接手過來，一本原想賣飼料的雜誌，搖身一變遂成了政論刊物，延續了黨外政論刊物的火力。

就在我們辦《富堡之聲》前後，《夏潮》雜誌出刊，它是一本相當好的刊物。藉著《夏潮》，我認識了陳映眞、蔣勳、蘇慶黎、陳鼓應等人。但因爲朋友關係，我與張俊宏這邊的人仍算比較熟悉，當時我們稱《夏潮》爲左派，二邊人馬一見面少不了抬槓，而富忠因與《夏潮》人馬較近，便被我們笑稱爲「許信良的左腳」。記得有一次，二派人馬找了一個小公寓，擺起「華山論劍」，雙方激辯社會主義和美式民主，談到最後，極端得辯到台灣究竟應成爲美國的一州或是中共的地方政府。

七八年，《八十年代》雜誌創刊，由已當選爲立委的老康出面申請。司馬文武出任總編輯，其他年輕的編輯包括陳忠信、史非非、賀端蕃等人。這一本雜誌出刊後馬上引來相當的注目，引起中壢事件英雄許信良的羨慕，許信良時任桃園縣長，深知辦一份雜誌相當不簡單，便詢問老康的意思，要不要大家一起合辦《八十年代》，我也爲此向老康提出建議。但老康並未同意。於是許信良找了黃信介、張俊宏、施明德、姚嘉文等人另起爐灶，創立了《美麗島》雜誌。此一發展，使得當時黨外最大的人脈組織悉數整合入《美麗島》雜誌內，成爲黨外主流派，而老康及其《八十年代》勢力遂成爲黨外的「非主流」，至今未變。

七七年我入伍服役，七九年「美麗島事件」發生，到八〇年我退伍時，幾乎絕大多數的政治夥伴都被抓走，而許信良遠走海外，只有剩下老康、張德銘少數及周清玉、許榮淑等受難家屬，此一形勢，終於催促了新生代站上舞台的時機提早到來。

因此，整個七〇年代可以說是戰後五〇年代出生的一批人，累積經歷逐步學習的階段，在八〇年代初期青壯一輩被抓進政治牢房之後，這一批年輕人承襲政治香火，進入實戰，而這一批戰後新生代的集合，凝結爲另一本雜誌的出刊——即《進步雜誌》的誕生。

《進步雜誌》以《美麗島》的辯護律師鄭勝助爲發行人；林濁水、林世煜、魏廷昱、洪金立和我等人出任編輯，這本雜誌成功將《八十年代》和《美麗島》雜誌勢力中屬戰後新生代的一群凝結爲一股力量，這本雜誌雖然在出刊第一期就被停刊，但其雜誌性格卻是相當深刻的，這可從它的封面主題爲一個跨步走的大腳丫略知一、二，而其內文中開闢「自由中國」、「美麗島」、「八〇年代」等專欄更可看出其狂放前瞻的視野。

《進步雜誌》被抄查後，原批人馬並未離散，反而更進一步結合當時《美麗島》旁支尤淸、黃石城等人，沿用他們已申請到的《深耕雜誌》執照，重新出發，謝長廷、陳水扁都是《深耕雜誌》的顧問。《深耕》創刊第一期封面是一個台灣的農人，穿著蓑衣，牽著水牛，在水田裡耕種，從《進步雜誌》的大腳丫到《深耕雜誌》的鄉土農人，可以清楚看出那個時代，新生力量成長茁壯的關懷與原動力。

七〇年代是豐富勃發的，從《自由中國》、《文星》雜誌到《大學雜誌》，再到《台灣政論》、《這一代》、《富堡之聲》，以至《八十年代》和《美麗島》雜誌，進而蛻變到由戰後新生代主導的《進步雜誌》、《深耕》，其間我們經歷了中壢暴動、美麗島事件和林宅血案等重大事件，也在事件中逐漸成長爲台灣政治運動的主力，當然，這絕不是七〇年代的全貌，只是從戰後政治新生代的參與側面來說，我們經歷的七〇年代確是如此的。

新儒家與我

／林鎮國

一

我之接觸新儒家，要從民國六〇年代之交在師大國文系唸書時說起。系上同學的素質程度都相當不錯，課程設計涵蓋所有的義理、詞章、考據，經史子集，可謂應有盡有，號稱全國第一大系；但是台上夫子的僵硬守成，無法相應現代學術脈動，使得一些眞正想唸書的同學感到無法滿足。當時，班上幾位香港僑生和本地生開始朝哲學領域摸索，而帶頭唸熊十力、梁漱溟、馬一浮、唐君毅、牟宗三、徐復觀諸人著作的是來自香港調景嶺的一些僑生。他們有的在來台之前已經做過事，年紀較長，讀書勁道強悍。就這麼樣，我們開始從熊十力的《新唯識論》、《讀經示要》、《十力語要初讀》等書讀起。那時候師大附近的幾家書店，如廣文、樂天、明倫、文景，影印流通了不少熊、梁的書，成爲我們案頭必備的學糧。

我們讀這些老先生的書時十分投入，也確是懷著敬意去讀，主要的原因是他們把傳統講活爲生命的學問，特別是熊氏擅長用警練的玄學語言將本體論與體證工夫結合來講，一下子吸引住我們這批二十出頭的年輕學生。這種學

◀學貫中西的方東美教授。

問在正規課堂上聽不到，我們自己摸索著讀，彼此討論，格外有一番奮昂的感受。

熊、梁兩氏首開新儒家格局，第二代就是唐、牟、徐三人。當時三位先生都在香港新亞書院，與錢賓四先生共事。牟氏於五〇年代曾任教師大與東海大學，然自一九六〇年赴港之後，即未曾返台，徐氏亦然。他們在台有幾位弟子，但是當時多沉潛，未能有大影響。由於七〇年代新儒家基地是在香港，刊物與出版品也多在香港刊行，因此香港僑生將唐、牟、徐的思想重新引入台北也就不足爲怪了。牟、徐早先在東海大學寫的一些書原是由台中最老的書店——中央書局出版，由於我高中時讀台中一中，常逛中央書局，故手上仍留存該局出版的牟、徐舊版著作。等到他們赴港，有些書便改在香港出版，加上唐君毅新著《中國哲學原論》系列皆由新亞印行，我們本地生只能託香港同學代購，台北才開始有盜版流通。這些大約是一九七二、三年間事。

那時期，除了讀熊、梁、牟、徐諸先生著作外，另外就是去台大哲學系聽課。正好遇上方東美先生退休前最後一年開「中國大乘佛學」一課，他在文學院上課的教室擠得滿滿的，前面一排盡是執弟子禮的學生與錄音機。冷天時，方先生常著洋式風衣，提皮製書篋，裝著他的英文書稿與大藏經。上課時，神情儼然，不時從哲學觀點痛責時風之卑靡，語調激憤，台下則一片寂靜，肅然聆受。他也常提及與熊子貞（十力）早年在大陸往來論學的舊事。我們在台下聽，對發生在半世紀前的學術公案，實是毫無概念。當時的學術狀況，本土源流固然完全被斷絕，連中國現代思想史也是一塊禁地。文史哲學界凡是「陷匪」者，其著作一律查禁，熊、梁也不例外。

方先生由於少年成名，在輩分上早與熊十力論學，又曾於南京東南大學（中央大學）教過唐君毅，抗戰後與牟宗三在中央大學也同過事，雖然彼此有過齟齬，算是與熊系新儒家多少有點關係。方先生自台大退休，哲學系師生假耕莘文教院舉行歡送晚會，我們幾個師大學生也參加，表達如何受到精神感召。

當時台大哲學系內部暗潮洶湧，不久後即發生「台大哲學系事件」。那時我們政治意識遲鈍薄弱，既無力判斷，也不知內情。等事件發生，哲研所停招一年，我只好回去報考師大國研所。同班廖鍾慶先一年回香港唸新亞研究所，師事牟先生。考上研究所後，正猶豫是否先唸或服兵役，廖來信謂，牟先生即將返台講學，宜先讀研究所，以免錯失問學機緣。我因此決定先唸了再說。

民國六十三年九月從台中回台北，在師大後面的浦城街和幾位師大、輔大與淡江的研究生、大學生賃屋同住，諸友有的唸哲學，也有的唸文學，各有專精。新儒家的機關刊物《鵝湖》月刊就是從那時候開始醞釀出刊。我當時雖無直接參與，然躬逢其盛，倒也認識了不少朋友。

果然，十月間牟先生返台講學，我們一票人浩浩蕩蕩去松山機場接機。佇立良久，終於在出境通道上看到一位身材短小精幹，著一襲藍布長衫的老先生搖擺走出，那就是初見牟先生的印象。

◀新儒家的代表牟宗三（左三）。

牟先生那次是應文化學院邀請來講康德哲學。開始時我們跟著上陽明山聽課，後因交通費時，改在師大上課。牟先生只帶了一本康德的《純粹理性批判》，堂上開講，析理精粹嚴謹，環環相扣，若錄音記錄下來的即可成書，其條理通透實是平生首見，大爲嘆服。後來在師大禮堂連續講儒、道、釋三家形上學，爲其平生學思的系統性整理，綱舉目張，爲牟學在台發揚的重要契機。

翌年（民國六十四年）四月，唐君毅應台大哲學系邀請來台講學，給當時正在籌辦《鵝湖》的諸君子又一大鼓舞。大家除了一定去台大聽唐先生的課之外，也請他做公開的學術演講。現在想來，那時候的青年學子心思確是較爲單純，對傳統文化比較有敬意；但也可說是十分保守，在政治意識上更是毫無批判啓蒙的跡象。當時島內正籠罩在老蔣總統崩殂所營造的國殤氣氛中。新的社會意識與政治運動也正在醞釀，然而我等毫無察覺。

研究所第三年，牟先生的《現象與物自身》剛由學生書局出版，大家都很想K這本硬書，就決定每周六下午在永和中正路一家咖啡店（「海地」）討論這本哲學專著。每次參加的人數五、六人不等。我們住汀州路的幾位，去時搭公車，回程則常捨車步行，途經中正橋時，暮色蒼茫，河風烈烈，一行人挾書而行，沿水源路回家。討論的康德問題迴盪在寂寥的年輕心境中，依稀可感。

直到一九七七年夏研究所畢業之前，自我世界與外面世界是隔離的，既搭不上現實，即使內在世界中新儒家所宣講的成聖、成賢工夫有多少受用也頗堪置疑。就像巴布狄倫的歌所寫，理想在風中擺盪，現實上卻毫無著力處。幸好畢業後只有服兵役一途，別無可想。

當兵期間適逢哈佛大學出版《變革的限制》（一九七六年），討論民國時代的保守思潮，其中數篇論文專究當代新儒家——張灝的〈新儒家與當代中國的思想危機〉，艾愷的〈梁漱溟——以聖賢自許的儒學殿軍〉，杜維明的〈探究眞實的存在——略論熊十力〉，是國際學界首度從思想史的角度爲新儒家定位。我覺得很有意思，就利用在岡山空軍機校當教官的餘暇陸續譯出，刊在《鵝湖》。不可諱言的，國際學界的論述效應帶給新儒家客觀的思想史定位與主觀的學派意識。

但是，主觀意識終究抵擋不住現實世界的流轉變動。哲學界幾位大師在隨後幾年分別凋零——方東美去世於一九七七年，唐君毅也病故於翌年六月。我在南部寫了〈寂寞的新儒家〉短文，是傷悼，也是告別；告別的是一個時代，也是一個階段的自我。

最後的告別來自七〇年代末的黨外抗爭運動與美麗島事件的衝擊。美麗島事件及其後的大審，讓人親眼看到謊言如何成爲眞理，良知如何成爲罪犯，也讓人看到道德主義的反諷，華族文化的虛矯。惟有在試練的時刻，眞正的立場才無所循形。講聖賢學問的人在鎮壓迫害的時刻竟然不是與當權者同聲相應，便是無動於衷。由此可知，這支在戰後台灣興起的新傳統主義注定會「寂寞」，不是由於孤芳自賞，而是本身通不過實踐的考驗。

2

八〇年代初的台北，氣壓低悶，色調陰晦，個人與整個社會似乎找不到出口。一九八三年赴美唸書，等到回台北時已經九〇年代初了。

新儒家第二代隨著在內戰中潰敗南走的國民政府避秦港台，使我及一干朋友有機會在七〇年代讀其書，承其緒，也實是一大歷史因緣。雖然新儒家因本質上的限制，未能在台灣社會變動的關鍵時刻作出合理的回應，因而格局未開。然平情而論，新儒家在哲學上畢竟是中國現代思想史上的一座奇峰，有其不可否認的貢獻與地位，就個人而言，與它相逢是生命中值得珍惜的一段因緣。

▶一九六六年爆發了文化大革命。

煤山斜暉

／蘇曉康

一副有些睨視「茫茫九派流中國」的尊容，大約是七〇年代的某個初春，我在北京故宮對面的崇禎皇帝上吊的那個煤山（後來叫景山）頂上的萬春亭旁拍攝的，背景裡依稀可見北海的白塔。那年我剛廿一歲，一個月薪三十元的小工人卻已有一臉莫名其妙的憂愁，雖然還不是日後別人譏笑我的那種「憂患意識」。

我家就住在這煤山腳下。六〇年代放學後天天在煤山的山坡上發洩剩餘精力，或面對皇宮那黃燦燦的舖天蓋地的一大片琉璃瓦發呆，或國慶之夜躺在這裡看大殿群背後衝起的滿天繽紛煙花。一個都市裡的少年也些微領略到新王朝在峰巔一瞬間的氣派。六〇年代中期的大瘋狂一來，轉眼就是灰飛煙滅。到這照片上的歲月，已是苦悶的七〇年代，多少這新王朝的王侯將相都家破人亡了。我父親那種類似寫邸報的差事在京城裡不過七品以下的芝麻官，原不會有大的麻煩，但後來也被鉤陷在裡面死去活來。我的姐姐弟弟，一個去了黑龍江，一個去了雲南，我也流落在中原，京城裡只剩可憐的媽媽，一個報館裡的編輯，每天清晨巴巴地候在機關大院前門，遠遠望那黑幫隊被牽出來，好看我父親一眼。她不敢去問專案組父親是何罪名，有一次打電報給我稱「母病重」，我趕回北京到她床前，她說：「曉康，媽只有求你去問一聲。」

那個春天，爹媽都從「五七幹校」回了北京，我也趕來會他們。三人一同去登高傷感，自然走到這煤山上來。他們傷感他們追隨「革命」的荒誕，我那時則是登高便會有這一輩子如何打發的惶惑，心裡還隱隱怨著走在前面石砌小道上已然佝僂的知識分子爹媽，覺得自己的前途被他們耽誤，很有些宿命的傷感。記得從那山上回來後我還衝著父親宣洩過一通怨氣，父親只哀傷地聽著不說話，媽媽卻勃然大怒，斥道「你向我們討什麼債？」我賭氣去了火車站想一走了之，夜裡父親牽著媽媽在車站人群裡尋著我。媽媽鐵著臉不吭，還是父親低聲下氣把我勸回家。從那以後，父親不斷向受他牽連前途暗淡的三個子女寫信通報他的案情如何緩解，終於有一天我們姐弟三人都收到一封同樣的電報：「我已恢復黨籍。父字。」但媽媽同我卻一直還隔了一層什麼東西，再也沒能去掉。

自六〇年代中期的紅衛兵浪潮退去以後，我們這一代人，大約都經歷過一個生存的苦悶、靈魂的苦悶和性的苦悶攪拌在一起的國家觀，近代以來的「亡國滅種」危機也不能鑄出一個國家意識，倒是七〇年代的冷戰使大陸人短暫地滿足過成爲強國的虛榮，這個虛榮的體驗不得了，冷戰落幕，意識形態瓦解，經貿掛帥，中國人還得胳膊肘往裡拐。如果，一種不是文化上而是政治經濟意義上的國家觀念，將來會成爲中國人的原教旨主義(fundamentalism)，那麼它就形成在七〇年代的大陸。

整個七〇年代，是我們被稱爲「共和國同齡人」的這一代煎熬七〇年代。年輕鮮活的生靈們經過劇烈的造神狂熱的蒸烤後越發乾癟，無數渺小的個體被那個心血來潮的巨靈不斷驅趕鞭笞隨波逐流。那時被紅色恐怖威逼向父母作絕情事的年輕人比比皆是，這些都被後來的文學或歷史拿去作爲「文革」泯滅人性的例證，但我知道連我自己也不能倖免於此。

在那個苦悶的年代裡，我每一次從山溝裡回到北京，都會覺得非常壓抑，每天黃昏約了好友，去煤山萬春亭交換小道消息，雖然各種「宮廷內幕」（無非林彪、江青）不斷泛出，但龐大的新王朝從她的巔峰跌落下來時，餘暉卻是異常的耀眼。一九七一年秋天中華人民共和國進入聯合國，喬冠華在聯大發言時的那股瀟灑得意，以及後來尼克森到北京去「朝拜」毛澤東等等，那種西方節節敗退，東方揚眉吐氣的情景，只能讓人絕望地接受新王朝的肆虐。這個記憶至今還留在中國大陸人心底。這是沒有被後來的文學或歷史所重視的一個「新中國」心態（mentality），它也許不單是某種粗糙的民族主義或愛國主義，它重鑄了中國人對國家的認同（identity）。自古中國人只有「天下」觀而沒有滾爬的年代，後來許多寫知青的小說和電影都把這個年代渲染得頗爲悲壯，貫穿著一種大幻滅的基調。我雖沒有當過知青，只在工廠作工，但知道那悲壯是假的，是這一代人試圖也爲自己譜寫一部神話，去補續起於草莽的父輩的那部大神話。其實這一代人經過「文革」極殘酷的摔打，比他們前後的兩代人都精明得多。這是很會掩飾自己的一代人，在七〇年代末期民間就流傳著一曲順口溜把我們說得可憐巴巴：「長身子骨時碰上大饑荒，讀書的年歲遇著上山下鄉，盼到高考恢復卻已成家，該養兒女又趕上計畫生育。」其實這一代人不僅出了很多文人墨客，也產生了大批政客和商人，到九〇年代中國大陸就基本在這一代手裡了。

說到這裡，我會很奇怪當年我陪爹媽遊煤山時，二十歲的年紀何故就那樣老成和功利，登高便算計前程，還會硬著心腸向他們攤牌，要他們爲我失去前程負責。二十年後我陷到政治漩渦裡去，倉卒逃亡時未及去向媽媽辭行，她非常難過，知道從此見不到這個兒子了。她從報紙上看到我對西方記者說很想回國，就寫來一封信說：「想回國就別寫文章罵他們了。」還沒接到我的回信，她就在一場突然的腦溢血當中再沒醒來。那是三年前的春天，我正在舊金山，流亡者不能回去奔喪，只好捧了一束玫瑰到金門大橋上，撕碎花瓣朝西面的海裡撒去。我的悔恨，是再沒有機會向媽媽爲七〇年代道歉了。

一個異端青年的存在

／貝嶺

我心靈中確認的七〇年代，應是從一九七六年我參加北京天安門廣場「四五運動」「偉大領袖毛主席發動無產階級文化大革命」爲因果開始的，而它的端倪，卻要追溯到七〇年代初，乃至一九六六年，疼痛或者那些小小隱祕的「罪惡」，猶如慢性的炎症，持久地瀰漫在我並不清晰的記憶之中，強烈、並以偶然的觸動被喚起。

背景是無法忽視的，七〇年代的中國大陸，所有的個人經驗被強制嵌入了充斥大寫政治符號的時代場景中，「中國」——這兩個充滿了中心感的古老字眼，意味著它就是世界，喪失了眺望外部的窗口，所有的知識，那被別的人類炫耀的知識，只能通過縫隙抵達我那茫然無助的視野。

一九七一年，我被分配至北京十九中學讀初中，那年夏天，穿過我所居住的那所已被禁止招生的空曠大學後門，是北京近郊人民公社錯落無序的綠色菜園，我們，一群群背著軍用書包的半大孩子，沿著一條沉悶渾濁、卻也溪溪流淌的細長小河，走入被疏離的高大楊樹指引的碎石大道。二十分鐘的路程，便進入了被鄉村房舍和田野環繞的十九中校區。入校第一天的儀式是這樣展現的：一群群粗野慓悍，面色菜黃的高年級工農子弟學生駐守在校門兩側，每當一個陌生面孔的新生走近，他們便高聲厲問：「那的？」當不知底細的新生怯聲回答：「工業學院的」時，男性便被立刻賞以一個不輕不重的嘴巴，「老實點，兔崽子，明天別忘了帶三毛錢來。」而新來的女生，卻在他們一陣陣的嘻笑聲中被細細打量，這些被他們稱爲「婆子」的女生，則是日後被他們視姿色而先後被獵取的對象。當時，我捂著被煽過的臉頰，驚恐不安地進入校園，噩夢般開始了中學五年漫長的生活。這就是七〇年代我無法逃避的一個人生儀式。

青春是堅韌的，歡快的歲月並非從不呈現。一九七三年，我突然得了急性黃疸型肝炎（那正是我開始發育的年齡），父母由於力不從心，更多的也許是害怕由於狹小的住房空間，而把肝炎傳染給家人，便把我匆匆地送到了上海——我的祖父母家。「休學了，可以逃離學校了，要回到爺爺奶奶身邊了」，我的喜悅是無法抑制的。我是生下之後，便被父母寄養在上海祖父母家，直到七歲才被送返北京的父母家中。一九六六年夏，那一幕淒別的場景我從未忘記，當時，「無產階級文化大革命」突然開始了，爺爺被揪鬥遊街，家中的財產全部被抄沒收，雖然爺爺在十幾年前已被迫把他的工廠送給「國家」，並成爲一名被監督改造、每天在工廠做工的「資本家」。也許是爲了讓我免受驚嚇，也許他們已早有安排，六六年夏天，姑姑強制把一個大聲嚎哭、拒絕離開上海的小孩送上了北上的火車，我哭了整整一天，直到我在北京火車站，見到我的父母，對於七歲的我，他們顯得如此地年輕、陌生，那時父親英俊，母親也漂亮，他們衣著講究。

歷史留給後世的遺跡是強大的，以致「革命的洗禮」仍舊不能完全改變它。一九七三年的上海，它那英、法租界時期築起的西式建築依舊矗立著，並和皇朝帝國土灰色的北京形成巨大的反差，它仍被稱爲「十里洋場」、「資產階級的大染缸」。太婆、爺爺和奶奶三位老人居住的那幢舊房子猶如一個沉悶、避風的小港，隔開了外部政治喧囂的狂暴。太婆已年近八十，雙眼失明，每天躺在床上吃素念佛，爺爺則每天七點便要去工廠做工。奶奶每日清晨把馬桶送到路邊，然後便拎著籃子去菜市場買菜，回來後便整日在廚房裡摸摸索索。鄰居們在獲知了我回來的訊息後，在開始幾天整日不停地進入我家中那狹小的前廳，「阿大回來了，噢，人長大了」，他們帶著和我年齡相仿的孩子和我交談著。童年時共同嬉戲的經歷使得孩子們親切，而各自已經開始成熟的身體又使我們彼此羞怯著。

琪萍是和我同齡的鄰家女孩，她對我有著多了一些的好感，她幾乎每天來，而且常常帶著她的女同學麗萍一起來，不知爲什麼，麗萍的出現令我久久地心神不定，她有著上海都市少女獨有的嫵媚與明亮，她穿著當時上海剛剛時興的瘦腿褲，前胸已稍稍聳立，很久，我幾乎總是不敢正面迎視她的眼神，日復一日，她們總是一到下午便悄悄地敲響我的家門，像燕一樣輕盈地帶來歡笑和上海女子伶俐的方言，我手足無措，總是無言地傾聽和驚喜。腦子卻在難以抑止地躁動著。一男兩女，宛如一道無解的謎語，青春初萌的吸引，在沒有了大人教誨的宅內世界中摸索我們的祕密。我惶然了，每日一到下午，我便奔上樓上的亭子間，透過被窗格子分割的小窗凝望沿街的景像，等待她們在我家門上遲疑的敲擊聲。漸漸地，她們不再相攜而來，各自地、面色暈紅地避過鄰居大人的注意，輕身而入爺爺家那被我故意虛掩的大門，少年情懷本是一場沒有盡興的遊戲，在大人們多疑而又帶著面具的目光注視下，像是一次次重複的冒險。沒有確定的表達，我們使用眼神和嘻鬧中有意無意的身體觸碰。我們竟然不太久地拉過手，唐突而又急促地撫摸過彼此發燙的臉頰。僅僅到此為止……。半年在上海的肝炎休學期，我發現自己嗓子變聲、個子長高器官突變……。我也開始在鏡子前端詳自己、悄悄地做瘦腿褲，買「的確良」襯衫，並且，留起很短的長髮，並喜愛起自己走路時頭髮被風吹起來的感覺。

一九七三年冬天，我那隱祕的快樂及不上學的自由日子嘎然中止，父母一聲令下，我返回北京，回到學校，在留了一級之後，繼續我那暗淡的中學生涯。

一九七六年一月，周恩來逝世，所有的人都被電擊，同年四月，我在天安門廣場整整停留了兩個整天，參與，也許只能算是旁觀，那是一場嚴酷的「政治洗禮」，我的政治意識被驚醒。那年我上高一。

一九七八年，中國大陸恢復高等教育考試，我作為應屆高中畢業生，是我所在那劣等中學唯一按時考入大學文科的學生，我的人生也開始了一個全新的轉變，作為整個大學最具異端傾向的學生，我的大學成績一年比一年差，

▶七〇年代末北京西單民主牆的大字報。

但對當時社會變革的捲入卻越來越深，乃至不可自拔，險些被開除學籍。表面看來，我的相貌十分溫和敦厚，是當時最為標準的七〇年代末的大學生相。一九七九年，對我來講，是智力突進的一年，在學校，我和幾位同學結成「文學幫」，並在年長我十歲的同學譚甫成（現為中國大陸知名小說家）指點下，狂讀已開禁的西方文學書籍，第一套書是羅曼．羅蘭的《約翰．克利斯朵夫》，閱讀之間，使我對於西方古典音樂趨之若鶩，那時我整日和甫成兄泡在一起，聽他講西方音樂史，我們一遍遍地聽貝多芬的九部交響樂，然後再散開聽亨德爾、巴赫、海頓、舒伯特、博拉姆斯、拉赫瑪尼諾夫的鋼琴曲等等，接下來就是西方歌劇，瓦格納歌劇的輝煌及富麗，乃至他的軍國式雄偉，令我確知天才是為何物。而西方的書籍中，克魯亞克的《在路上》，蘇聯小說《帶星星的火車票》，艾倫．金斯伯格的《嚎叫》片段，均使我無以自制地在學校的暑假中一人上路，獨自遊走江山，我常常是餐風露宿、夜攀高山峻嶺。幾乎是在大學的頭兩年中，遍閱了波德萊爾以降大多的西方現代主義詩歌。

一九七八年底，北京西單民主牆前開始聚集體制外的民主運動人士，我先參加了任畹町先生創辦的「中國人權同盟」並擔任《中國人權》雜誌首期編委，隨後由於兩個原因離開，首先是「中國人權同盟」的分裂使我十分沮喪，其次是參與的成員大都心懷戒心，不能彼此深交，我便悄然退出了。

一九七九年，由於大量的閱讀，使我對於文學創作既深懷敬畏，又心嚮往之。那年秋天，魏京生已經被捕，民主牆前風聲瑟瑟，我當時身穿中式棉襖，圍著厚重的圍巾，一副「五四青年」的模樣，孤零零地漫步在民主牆前，瀏覽著牆前的大字報及剛剛張貼出來的地下雜誌，突然，我看見二位相貌堂堂的青年男子站在牆前出售刊物，再一細看，竟是《今天》文學雜誌，我定了定神，然後向這兩位青年自報姓名及所讀的大學，然後告訴他們我十分敬佩這份雜誌刊發的作品，兩位青年一位沉穩地打量著我，另一位則十分熱情地伸出手來，重聲告訴我：我叫芒克、他是北島。歡迎你有空到東四十四條我的家中來玩，隨後我們便輕聲交談起來。這就是我的命運，從此，我開始介入地下文學活動，並嘗試寫作。在此期間我又認識了參與《今天》文學雜誌的詩人食指、方含、江河、楊煉、嚴力、顧城、曉青、黑大春等人，還有青年作家萬之、甘鐵生、石鐵生，以及其他的文學青年。

那時我眞的還年輕，尚不知來自國家的威力，七〇年代末，我們通宵達旦地辯論國家大事、狂飲、朗頌各自的詩作，組織在圓明園及紫竹園公園、玉淵潭公園的地下詩歌朗頌會，參加各種各樣的體制外集會。那時，我也自信不足地再次嘗試和女同學約會。終於我被列入了國家的黑名單，隨後的八〇年代初，我被學校組織了全校性的批判大會，畢業時被分配到最差的單位。我的作品極難發表，我也不屑於追求發表。我成爲了被國家安全部門專案盯梢的異端分子，一個從未被官方承認的自由詩人。我被我的國家和我經歷的時代定型和定性了。

第二輯

從九〇看七〇(一)

——那時，台灣才長大

噓——報報七〇年代

／馮光遠

「人間」編輯要《給我報報》的寫者來寫七〇年代，是一個極其恰當的決定，因爲七〇年代本身，就是一個極其「報報」的年代。只是那個時候，先是反共，後是恐共的重擔壓在大家肩頭，以致沒有人能以較優閒的態度來看待周遭之事，於是便只好聽任那個大時代的「報報」感覺蟄伏在那裡，有，有，可是沒有出來。

誰的錯呢？

除了共產黨還會有誰？也難怪在那個大時代，國民黨政府每年用油漆在圍牆上書寫侮辱共產黨領袖和詛咒共產黨命運等文字的花費，估計就超過一千萬，不，三千萬元，對油漆業的發展，有著無以磨滅的貢獻。

其實，七〇年代在圍牆上練毛筆字的習慣並不始於七〇年代，不過究竟始於何時，因爲和本文無關，就算寫了也免不了被編輯刪掉，不如不寫；倒是圍牆上的內容，到了七〇年代，花樣是越來越多，這倒不可不提。有些內容，日後甚至影響到台灣政局的走向，殊爲重要，例如「兩個恰恰好」這個口號，深植人心之後，到了八〇年代，果然就沒有出現第三個蔣總統。

提到蔣總統，就不可不提蔣家在七〇年代的一件風光

◀七〇年代就是個極其「報報」的年代。

事情，那就是蔣家第二代的蔣緯國，在七〇年代時因爲教育部通令各級學校及幼稚園全面教唱由他改編的歌曲「梅花」，而成爲七〇年代最重要的作曲家。「梅花」一歌由於太受歡迎，最後還用在電影「梅花」裡，極爲感人。不過值得一提的是，七〇年代由於尚未流行KTV，所以當「梅花」一歌出現在銀幕上時，並沒有人在戲院裡跟著唱，殊爲可惜。

七〇年代不流行KTV，那麼當時的人如何娛樂呢，相信很多年輕人會很好奇。

其實，七〇年代的娛樂和任何年代的娛樂都一樣，分爲「簡單的」和「複雜的」兩種。

簡單的娛樂，是針對頭腦簡單的人而設計，例如去咖啡廳和純喫茶找樂子便是，那個時候還不流行賓館這碼事，要是流行的話，同一批人當然會以上賓館爲第一志願。

複雜的娛樂，顧名思義，則不但種類較複雜，隱藏在「娛樂」背後的心思也很複雜。就以七〇年代頗受青年喜愛的彈吉他爲例。

千萬不要小看彈吉他。

首先，爲什麼那個時候的年輕人競相選擇吉他爲練習的樂器，而不選擇鋼琴或者爵士鼓，這其中就有很大的學問。

一個很重要的理由當然便是，吉他的重量較輕，因此當吉他王子或公主在把馬子或幸子時，如果是背著一把吉他去郊遊，除了帥氣之外，其實也比較可行。到底，背著一架鋼琴或者拎一套鼓去郊遊，是很累人的一件事——雖然在青山綠水之間瘋狂地擊鼓或者彈琴，想像中也是很容易便攫獲約會對象的一種方法。

論及七〇年代的娛樂，我們當然不會忘記，那也正是連續劇濫觴而至風行的年代，由於有連續劇的發明，全台灣在七〇年代至少減少了一百次群衆聚集示威事件，因爲時間一到，很多人都要趕回家，要不然第二天劇情接不上去。

連續劇在當時不但是安定社會的一股力量，連續劇也教導全國同胞認識許多歷史人物，例如包青天便是。這種寓教育於娛樂的作法一直到今天都還歷久不衰，上述包青天的教材，便一直沿用至今。

講到歷史，我們不得不把七〇年代一宗與歷史有關的怪現象提出來討論，那就是醫學上被稱之爲「全國軍民同胞集體遺忘症」（簡稱「噓—」）的一種怪病。

「噓—」的症狀是，在那個明明是好天氣多過壞天氣的年代裡，全國軍民同胞卻不約而同地把一些很重要的歷史事件遺忘了，例如「二二八」。從醫學的觀點來看，這是一種很奇怪的症狀，因爲全國軍民同胞並沒有忘記其他一些歷史事件，例如「七七」或者「五四」。

有些醫師對此現象的解釋是，也許全國軍民同胞在七〇年代吃了太多的免費壽桃。可是硬把病因推到壽桃頭上，也是不公平的，因爲壽桃雖不能止渴，卻也有療餓之效，將其貢獻一筆抹殺，實在不是一種很理性的反應。

幸好進入九〇年代之後，「噓—」已經漸行漸遠，許多人，包括一些七〇年代，最會顧左右而言他的官員，也都

◀七〇年代的荒謬劇場——立法院。

又恢復記憶，想起了「二二八」，也想起了他們遇難多年的二伯、三叔……。

七〇年代的旅遊，在一九七九年以前，都只限於本島，七九年雖然政府開放出國觀光，可是舉目望去，盡是背信忘義之國，所以國人也不是那麼地熱中出國。有時候，就算有機會去某些地方看看，可是許多人在心情鬱卒的情況下，也懶得出國。至於那些沒有道義的國家因爲缺乏台灣遊客的照顧而致經濟萎縮，也只能怪他們與虎謀皮自食惡果了。

雖然整個七〇年代出國旅遊的人不多，可是台灣的機場在七〇年代尾卻讓人眼界一新，因爲桃園國際機場在七九年啓用，從此，外國人如果來台觀光，註定要多花桃園到台北之間的計程車費，爲我國賺進更多的外匯。

有一個和桃園機場有關的小插曲挺有趣的，也可在此提一下，那就是機場落成之後，有關單位曾公開對外徵求機場名字，結果最後還是選中最爲台灣人民喜愛的「中正」二字，作爲桃園國際機場的名字。這「中正」二字，除了可當機場名之外，也是最通俗的路名、學校名、機構名、建築物名、甚至各行各業的店名，顯然，這兩個字的筆畫最是大吉大利，才會廣受歡迎。(不過令人不解的是，有些行業，如特種營業，卻好像不作興用「中正」二字，這毋寧是一件很有趣、值得探討的事。)

七〇年代由於處於白色恐怖時期之後，斯時，一些在政治上意見較多的人，不是已入土，就是在綠島之類的地方閉門苦讀，所以政壇上比較平靜。當時，在立法院，委員們有興趣的事，主要還是養生之道；國民大會開會時，與會者則喜互相詢問某某某住在中央新村的那一棟，是不是離自己住宅很近可以去串門子。

政治要到七〇年代稍晚時才見一些動亂，這一次，禍首不是共產黨、不是台獨、也不是政治異議分子，而是多年老友美國。

由於美國的見利忘義、見色忘友，把我國朝野搞得心情都很浮躁，因此台灣從南到北，都出了一些事，結果，把個好好的七〇年代，搞得有點虎頭蛇尾，不歡而散，挺殺風景的。

整個七〇年代當然不是像其結尾那般，讓人驚心動魄，下面，就讓我們隨便看一看一些七〇年代發生在台灣的大小事，直至文章湊到老編規定的三千字爲止：

■七〇年代最怪異的氣象——台北的天空，竟然非常的希臘。

■七〇年代在生活上最重要的一個數據——7／11。

■七〇年代最流行的街頭運動——警察沿街追逐長髮男子。

■七〇年代在一小時之內賺最多錢的人——范園焱。

■七〇年代在五分鐘之內吃最多雞蛋的人——克里斯多福。

■七〇年代代最孝順的人——自稱韓愈後代的韓思道，因爲《潮洲文獻》指韓愈得過性病，便控告《潮洲文獻》發行人郭壽華。

■七〇年代規模最大的一次吵架——鄉土文學論戰。

■七〇年代文字上的最大發明：「莊敬自強、處變不驚」這八個字。

■七〇年代出版過最不符合時代名稱的刊物——《八十年代》

■七〇年代學童最大的志願——加入少棒隊。

那時，台灣才長大

／南方朔

正因爲我們曾經年輕，所以才抱有希望。年輕的希望多多少少有些毛躁莽撞，但未來的可能性卻就在莽莽撞撞裡出現——一九七〇年代的台灣，是一個各種可能性正在誕生的時代。

比台灣先行大約十個年頭的六〇年代美國學生知識分子運動領袖吉特林(Jodd Gitlin)，在卅年後的現在爲過去作總結時認爲，如果六〇年代具有意義，那麼它的意義就是「文化革命」——一個「年輕的文化革命」。六〇年代西方的青年懵懵懂懂的感覺到了許多新價值和新方向；但一切的新由於難以使用舊的準則來定義，它的出現遂難免模糊混沌；勉強使用舊觀念和舊語言來談論這些朦朧中胎動的新生事務，則無法避免失焦及扣合欠準，於是一場轟轟烈烈但同時也莽莽撞撞的運動發生並結束，學生知識分子運動結束後的廢墟裡卻長出了直到八〇年代後期才眉目清晰的新生事務，如草根多元民主、多文化主義、生態環境運動、女性主義等。

十九世紀英國人道社會主義思想家摩瑞士(William Morris)說過：「人們奮戰而失敗，儘管他們失敗了，但他們爲它而戰的事務終將成眞，但它到來時已非當初他們所

◀七〇年代也是蔣經國時代的到來。

期待的模樣，但後來的人卻會用另外的名稱爲他們追求未到的繼續奮戰。」或許，這就是歷史有價值的地方，一切的努力不會在歷史中虛耗，但這也是歷史會讓人挫折之處，努力後的收穫不會在今天。人的努力只是在爲歷史和未來犁田：不盡讓人滿意的成果卻要等到後來。正如同六〇年代西方青年的憤怒之愛是在替八〇年代播種，台灣的七〇年代則是替九〇年代的今天預作準備。

七〇年代的台灣，從時序上畫分段落，或許可以從一九六九年六月蔣經國出任行政院副院長開始，因爲它標誌著「蔣經國時代」不可避免的終將到來；至於它的結束，則毫無疑問的是一九七九年十二月的「中」美斷交。十年台灣，十年坎坷，而我們以及我們的今天都是從這裡長大的。

七〇年代的坎坷，不必太多解說，任何一冊大事記都是證明。在這十年裡是台灣的國際人格開始被否定的日子，中國大陸取代了台灣的正統地位。於是從一九七〇年與加拿大和義大利的斷交起，接著是七一年十月的退出聯合國，七二年的與日本斷交，終極則是七九年的與美國斷交。除了國際人格失落的衝擊外，兩次石油危機帶來的經濟變動與物價狂漲也都發生在七〇年代，而更重要的或許是七五年四月老總統蔣介石的逝世。在那個坎坷而信心不足的時代，絕大多數人都將自己的惶恐變成了如喪考妣的哀慟。人類最易犯的錯誤是以今薄古，以現在的繁榮來遺忘過去的胼手胝足。因此，蔣介石之死那些萬姓慟哭的畫面，今日或會視爲不可思議的荒謬，但它卻是七〇年代的

「實在」。兩三個世代而有如此巨大不同的判斷，關鍵或許就在於我們業已長大，而台灣的長大確實並不那麼輕鬆。

當時的台灣已有了小康局面，加工經濟以兩位數成長，經濟是人們逃避政治的出路，也是今天轉而支持政治發展的基礎，然而，一切的發展都會有人墊背。七〇年代爲台灣墊背的乃是農民，剩餘價值藉著低糧價和肥料換穀而被抽吸到工商部門。因此，一九七〇當年，全台灣農家已有八七％負債，平均每戶負債四萬元。因此，七〇年代的台灣社會經濟進入了不安歲月，土地改革出現的穩定農村趨向不穩定，而工商經濟快速成長，只要通達英語並勤快，一只電話即有可能開設貿易公司而致富。城市的年輕新中產階段對這個社會也因爲有不同的期待而心情騷動不滿。

或許，生長在這樣一個裡裡外外都有危機與挑戰的時代，作爲一個知識分子反而是一種幸運，因爲歷史給了他們證明自己的機會。於是得天獨厚、戰後成長的第一代年輕人遂有了登上歷史舞台的機會。這是七〇年代，白色恐怖的肅殺已經淡出，嚴厲型的強人蔣介石也漸漸消褪而變成柔軟型強人蔣經國。一整代年輕人的身上會聚著台灣的一切矛盾和一切渴望。他們在戰後成長，與老輩們連教育都難完整的時代相比，他們是幸運的一代。七〇年代是「蔣經國時代」正反兩面相互摸索、試探、惡化、決絕的歷史悲喜劇。也是一整代戰後青年知識分子徬徨與摸索的時代。他們這一大群歷史舞台上的演員有過功績，但也留下許多反面的教材。而這就是歷史，它總是跌跌撞撞的迂迴前行，幸運的或許是台灣的七〇年代儘管也付出了代價，但它並沒有鉅大到令人崩潰瘋狂的地步！

標誌著七〇年代「外患」的最重要事件是一九七〇年八月開始的「保釣運動」。它是對國民黨政府數十年來媚美媚日以至於失去國家起碼尊嚴的一種反動，「保釣」是個可以往多角度縱深繼續發展下去的運動，可惜的只是海外、部分人士竟至於被初入國際社會，因而形象良好的中共所收編，使得「釣運」的一部分變成了「統運」，「統運」對台灣無足影響，只是海外「統運」人士個人的小小悲劇。亞里斯多德論悲劇時說過：「悲劇並非邪痞所產，而係脆弱與錯失所生。」在「統運」人士身上，我們看不到邪惡，而只看到了知識分子的脆弱以及因此而產生的錯失——知識分子總是喜歡在概念世界裡尋找理想，甚至不自覺的以他人生活世界作爲賭注，這是一種知識分子獨特的傲慢與偏執，也是左右法西斯的源頭。「統運」並非投機，而只是令人難以忍受的傲慢。

不過，「保釣」在台灣本島，由於運動和生活世界完整的相連著；因而沒有這樣的傲慢出現，在台大反而促成青年學生關懷下鄉的「社會服務團運動」，依稀中仍記得的名字有王復蘇、江炯聰、施顏祥、馬英九、洪三雄……等，這些人往後各奔西東，但今天卻似乎都成了台灣各行各業裡頗有影響力的人士。

「保釣」的危機，如果總結來看，它對台灣其實是一種還算良性的刺激。它刺激起了台灣「革新保台」的意願，刺激了國民黨讓「蔣經國時代」提前到來的日程表，也讓國民黨有了重建一個與知識分子結盟的「聯合陣線」的企圖。所有的這些因素匯總起來，它就是一九七一年初開始的「大學雜誌集團」知識分子的集結，以及一九七三年之後這個集團由於分裂而瓦解。

「大學雜誌集團知識分子改革運動」乃是戰後台灣最重要的知識分子運動，今日台灣的國民黨及民進黨主要人物差不多都出自這個集團，其他行職業許多領袖型人士也都出自這個雜誌，包括施啓揚、孫震、李鍾桂、白秀雄、關中、魏鏞、王人傑、許信良、張俊宏、丘宏達、沈君山、林清江……等。「大學雜誌集團」的聲勢促成了一九七二年蔣經國的出任行政院長，「蔣經國時代」正式到來。不過，自古以來，統治階層與知識分子階層的「聯合陣線」都不牢固，本質利益的樹立易於使這種結盟關係出現緊張與裂痕，統治者不會要無法節制的知識分子，知識分子不可能甘於庸屬性的地位。「大學雜誌集團」與統治階層在七三年決裂，一部分被延攬入官，一部分則被逐在野。很快的，這個集團帶動起來的聲勢煙消雲散。

不過，「大學雜誌集團」對台灣的整體改革不只是促成了蔣經國出任行政院長而已。這個集團是台灣漸趨發展過程中一種「期望增加的革命」(The Revolution of Raising Expectation)，它代表了新興知識分子要求效率化與合理化的意願。也反映出了一定程度要求民主化的趨勢。於是，我們看到了七〇年代台灣體制的快速擴充，無論行政體系、黨機器、各級教育機構、媒體機構、公私企業幾乎都以直線方式進行擴張，受過戰後完整教育的青年一代快速的被各級體制吸納、體制擴編是社會發展後公共事務增加後的必然，體制的吸納將改革運動的動力基礎吸收殆盡。七〇年代是台灣效率化改革的時代。效率的改革使得大批技術菁英進入體制，以效率改革爲基礎，或許可以說明九〇年代台灣民主改革的到來。儘管一片聒噪，不時失控，但整體台灣畢竟仍大體保持住良好的運轉。設若有一天台灣的民主果而穩定化，或許眞要感謝效率改革的七〇年代那種「我們要民主自由，得到的卻只是效率改革」讓人不盡滿意的結果。

「效率改革」的七〇年代，比起五、六〇年代的「白色恐怖」固然好了太多，但柔軟型的強人畢竟還是強人，壓迫控制只是轉換成一種比較細膩的方式繼續操作而已。於是遂在「效率改革」展開的同時，有了各式各樣的迫害性事件，例如一九七四年台大哲學系一次解聘十四人的整肅事件，另外如李荆蓀案、戴華光案、李慶榮案……等，莫不是那個時代著名的壓迫性案例；除了對言論繼續箝制外，被逐在野，加入草根民主運動的人士則開始進入長達另一個十多年「刊物查禁」的歲月。這是「黨外雜誌」開始出現並地下化的時代，《台灣政論》創刊於一九七五年，接著有一九七六年的《夏潮》，一九七七年的《這一代》、一九七八年的《新生代》、一九七九年的《八十年代》，它的高峰是一九七九年八月的《美麗島》雜誌。所有的黨外雜誌在那個朝野對立日益惡化，一方竭盡全力捍衛政權，一方新仇舊恨交疊而對現政權徹底否定的時代，均無法避免必須「地下化」或安排「替身」的命運。「黨外雜誌」的

▶七〇年代末期的敦化南路上。（林國彰／攝影）

攻防戰由七〇延續到八〇，又再延續到「解嚴」之前。「黨外雜誌」興起於七〇年代，在迫害中走入地下，由於「地下化」而不得不日益過激。反對派的過激，甚至走向「完全革命」這樣的隱含性立場上，通常都是壓迫下的產物，它的後遺症到了九〇年代才被朝野雙方的有心人顧慮到，誰是因？誰是果？

七〇年代的台灣政治是典型的「衝突政治」，民主在衝突中緩慢成長，「效率改革」則在社會的發展下大幅成長。因此，儘管政治反覆轇轕，它並不影響台灣的繼續成長和生活的安定。七〇年代是蔣經國的黃金時代。

然而，七〇年代固不僅僅都是政治掛帥的時代，戰後代的青年一輩固然一批批相踵於政治之途，但更多的人卻都在體制擴編後進入了體制之中。他們不是歷史舞台上的搶眼演員，但一整代教育完整的青年進入體制，所造成的影響及貢獻或許更大過那些演員。

例如，整個七〇年代，台灣的研究院所，在數量上至少增加了六倍，學生數增加將近十倍，整個十年裡，各級機關被大批廿五至卅五齡級的人進駐，有碩士以上學位者增幅最大，約達兩倍半左右。他們大量取代「老革命」以及苟延殘喘並因而「混」「僚」的那一代，這是何等巨大的進步與穩定力量！

單單以報紙爲例，整個七〇年代，報紙增加了二·二倍，廣告增加了八倍，社會結構的改變，造成大量青年的進駐。新聞的品質，言論的進步，新風格報業的出現，使得任何反動的事務愈來愈難以立足，而新的文化探索與認同塑造也就在這種重編後的體制裡浮現。七〇年代文學及文化的「鄉土」之爭，以及本土認同的浮現，不能說不是較諸政治有更大意義的表現，它已擺脫「文星」那個「西化」掛帥的時代，而展開新的探索。

因此，我們要怎麼去看那已消失了的七〇年代？它不是只有政治迫害，也不是只有反抗，更不是只有蔣經國而已。七〇年代是個充滿了苦澀與甜美的時代，希望也就在這片混混濛濛但卻整體的進步中悄悄露出了端倪。沒有整體的進步，個別的突破必不能持久。於是，想到了兩首舊詩。台灣有許多人好引楊萬里的這首詩來咀咒權威：

萬山不許一溪奔，
攔得溪聲日夜喧。
到得前頭山腳盡，
堂堂溪水出前村。

而更客觀堪思的，或許反而是朱熹的這首吧！

昨夜江邊春水生，
蒙衝巨艦一毛輕。
向來枉費推移力，
此日中流自在行！

因此，如果七〇年代眞的有意義，那是所有人集體的努力，爲往後的台灣創造出了能夠浮起民主自由這艘蒙衝巨艦的春水。七〇年代的人沒有作出太多愚蠢；不過，歷史經常是未來決定著過去的意義，因而不肖的子孫常怨懟父母，災難的國家總喜歡怪罪過去，也正因此，未來台灣的禍福休戚，也就可能改寫七〇年代的意義。基於這樣的考慮，七〇年代對九〇年代也就有義務加以提醒：不要因爲九〇年代的錯誤而讓七〇年代蒙塵。過去和未來之間，是靠著「不愧前人，無辱後生」這樣的道德義務而並存於現在的啊！

發現「中國」

台灣的七〇年代

／楊照

爲了保障政權合法性、有效性不至於被嚴重質疑，我們的官方說法只好把罪過、錯失統統推賴給其他國家，這樣一來民族主義之受傷憤怒當然只能有增無減。表面上燃煽著民族主義情緒，骨子裡卻積極與外國資本家來往，就成了這段時期維持甚久的分裂人格作法。

要了解這種分裂，只要對照翻一翻當時的節慶文告和《立法院公報》就可清楚掌握。文告的政治辭令裡總免不了申揚民族優越性、強調自立自強，更是對不講道義、只看現實利益的「國際姑息逆流」表現得深惡痛絕，然而作爲行政橡皮圖章的立法院同時期最忙著通過的法案，十中至少有七、八是關於整合進出口事務、融通，甚至圖利外資、外商的條文。

影響所及，從七〇年代以來，台灣官場的不成文規定就是政治「光說不練」，可以拚命喊大話而沒有什麼實質行動，相反地經濟事務卻是「可做不可說」，沒有聲音地在改造台灣現實。七〇年代在處理外資與民族主義衝突時是這樣，九〇年代處理兩岸關係時又何嘗不是如此。

七〇年代的分裂人格還表現在學校校園裡。與五〇年代白色恐怖的陰影籠罩，及六〇年代流行的頹廢風潮相比，七〇年代的校園、學生是曾經出現過比較接近「行動主義」的理想熱情，尤其是在我上面提過的那種新「中國情緒」下，民族主義修辭往往可以轉化成爲現實社會關懷，從「保釣」到「百萬小時奉獻」，到後來的社服、山服社團，都可以說是這種理想具體的表現。

然而七〇年代卻也是校園最平靜，最少對體制產生威脅、與體制發生衝突的十年。七〇年代一開始，體制便透過警察暴力權，對六〇年代殘餘的一點點嬉皮文化象徵進行清除清掃。一九七一年台北市警察局開始取締「穿著過分暴露短褲者、蓄長髮男子、褲腳過大妨害善良風俗者」。同年通過的「少年管訓事件執行辦法」，也特別將衣著、喧鬧、吸食大麻等「不良行爲」列入管訓條件。

在體制公權力反撲下，七〇年代的學生很快就失去了控制自己身體、進行象徵性抗議發洩的能力。連六〇年代皮毛的嬉皮文化都不見容於體制。一九七一年同年，教育部更明文禁止學生參加校外團體活動及社團校際串連，完全封殺了學生自主參與社會的管道。

形式上的禁抑之外，更有效的是制度性收編。回頭看七〇年代的校園歷史，我們不得不承認這十年是救國團以及救國團式「團康文化」的鼎盛時期。七〇年代學生的理想個性，幾乎完完全全被吸納進救國團的系統內，用成套的團康儀式拔去了理想主義的牙爪，卻還自以爲獲得了某種超個人的、團體性的滿足。

要理解七〇年代，救國團是個絕對不容忽視的關鍵。透過寒暑假的「青年自強活動」，平日建制的文藝、思想介

▶救國團的活動在七〇年代是件盛事。

入，救國團成功地抹殺了台灣中等以上教育機構的地方差異，塑造出一個統一的校園風氣。而且經由老鼠會架構傳銷團體康樂活動技巧，更是藉反覆演習訓練，在台灣學生間模塑出一套固定的制約反應，只要有一群人在一起，怎樣的團康遊戲刺激，就一定會產生怎樣的反應，徹徹底底磨平了個體差異性。

在這點上，救國團扮演的訓練角色、達成的目標其實和軍隊沒什麼兩樣。所不同的是救國團控制的年齡層比軍隊更低，而且還不像軍隊那樣只針對男性。救國團文化橫行十數年，對台灣社會心理產生的扭曲，會是未來台灣社會史的重要研究課題。

另外一項與校園直接相關的，就是七〇年代台灣是知識分子的黃金年代，這一點其實也弔詭地呈顯了分裂的社會人格。在一方面，七〇年代國民黨政權並未放鬆威權控制，五〇、六〇年代的那種威嚇手法隨時可以重新祭出來使用。而另一方面新興的資本勢力又進一步侵入分割了非常有限的民間社會空間。如此情況下，知識分子其實舞台愈來愈狹小，不過就在前面提過的舊意識與新現實糾葛不清的過渡階段，意外地給了知識分子一個能夠縱橫發揮的時機。

台灣戰後史，從四〇到九〇一共六個不完整的十年期中，顯然要數七〇年代，文字具有最高的眞理位階。文字的社會影響力最大的，應該是八〇年代解嚴前後那段時期，不過在八〇年代，文字已經帶有強烈的平民、宣傳性格，不再像七〇年代那樣充滿精英自信。

七〇年代初期，「現代詩論戰」正熱時，《書評書目》曾經作過一次非常粗略的調查，結果發現各行各業民眾關心現代詩，對現代詩何去何從有意見的占到一半左右。更值得注意的是，當時好幾篇提到這項調查的文章都不曾對這個結果表示驚訝、不可置信。由此可見在那個未經分眾化的社會裡，文學、文化議題所受重視之一斑。

文化知識的精英自信還表現在七〇年代的論述習慣上。一直到鄉土文學意識熱烈展開前，在現代主義籠罩下的台灣文學美學，是刻意將作品與讀者拉出距離來的。亦即是作品的領會，先預設讀者必須經過一番美學訓練、陶養。換句話說，文學不是人人都懂的，好的文學更不應該隨便讓人看懂，「懂」的責任在讀者，而不在作者。這種態度影響下，七〇年代的文學評論風氣隨而興盛。文學評論同時是一個人對文學理解能力的證書，也是幫助其他讀者理解作品不可或缺的工具。作品與評論互相穿透、依賴，隨而產生了比較緊密的文學圈的感覺，這些都是七〇年代的特殊產物。

七〇年代的文學如此，其他人文領域又何嘗不是。一方面熱烈辯談追索新意義，另一方面建立自己精英的高蹈地位，這正是七〇年代知識分子特別活躍的重要理由。然而問題是，他們的精英自信，基本上是建立在一個逐步朝不同方向的社會現實上的，等到八〇年代現實超越了舊意義架構，找到眞正相應的資本及官僚論述，知識分子也就被拋擲進了不再受到重視的冷宮裡了。

七〇年代是台灣從舊的虛假世界觀，慢慢試著接觸、

▶飛躍的羚羊紀政。

看清現實的一段艱苦歷程。在這過程中，無可避免地產生了種種分裂、糾錯。而七〇年代結束於美麗島事件，這社會上一部分人視之爲反逆、爲罪惡，另一部分人卻爲之喝彩、爲之激奮，似乎正象徵了台灣走完了社會集體人格分裂的階段，分裂的事實已經表面化成了不同人群的直接對抗了。對抗，於是成了八〇年代的主題。

七〇年代剛開始時，台灣的前景還頗爲看好。七〇年開年後第二天，美國副總統安格紐抵台訪問，台北市各國小的學生手持中、美兩國國旗，沿路列隊歡迎。事實上，那一年內，安格紐就跑了兩趟台灣，冷戰中一方盟主美國的第二號人物如此頻繁造訪，當然是證明了中美友誼歷久彌堅，也進一步烘抬了我們作爲世界大國的地位。

更何況前一年的夏天，台中金龍少棒隊才連續擊敗日本、美國，替台灣打下第一個「世界冠軍」。進入七〇年，轉戰世界各地田徑場的「飛躍羚羊」紀政也正處於顛峰狀態，接二連三傳來締造世界記錄的捷報。我們似乎一下子替百年中國洗刷了「東亞病夫」的辱名。

站在那一點上看，似乎五〇、六〇年代，基於挫敗經驗自欺地建立的民族主義世界觀，就眞的要實現了。課本裡面那些烘抬國家自信心的空洞言辭就要一步步獲得驗證、支持。然而事後的發展卻讓我們發現，原來那場色彩瑰麗、氣氛樂觀的序幕，只是一個虛幻世界觀臨將崩潰前最後的迴光返照。

立即接踵而來的是退出聯合國、釣魚台事件，台灣的外交地位一落千丈，外交關係骨牌般接連塌落，一波驚恐心理驅使下的移民潮湧現，走不掉留下來的則只能日日誦唸「莊敬自強、處變不驚」替自己收驚壓神。

好不容易在蔣經國接任行政院長後暫時穩定的局面，到了七五年又來了一場期中震盪高潮。那就是強人蔣介石終於退離人生舞台，迫使台灣政治局面必須交接換班。由嚴家淦看守、過渡到蔣經國扶正當選總統，情勢又歸於平順，可是沒多久新一波的衝激又沿著中壢事件、中美斷交等重大變動轟撞出的隙縫冒湧，一直到跌宕積累成七九年底的高雄美麗島事件，台灣在危危然、慄慄然的不安情緒下走入八〇年代。

整個七〇年代最清楚的趨勢，便是過去中國認同賴以支持的杜腳一一傾頹、圮倒。如果說五〇、六〇年代是靠政治意識形態建構神話的時代，七〇年代就是艱苦東挪西湊努力調整、維持神話的時代。五〇、六〇年代是比較徹底的自欺，矇起眼睛不看現實，只相信官方要我們相信的，七〇年代則是被迫張開眼睛看到了一些，然而卻又不敢相信那就是現實，必須經過一道道手續把殘酷不利的消息勉強移進原來的意識架構裡。

所以其實七〇年代是個發現意義、尋求意義的時代。最多的精神精力，用於辯談、創造出一套套嘗試連絡舊制式信念與新現實的修辭論述。從這個角度看，七〇年代其實遠比六〇年代具有思辯活力，因爲那是眞正危機感下逼出來的產物，危機感所觸及的層面比過去來得廣，因此激出來的意義網路也比過去複雜。

用九〇年代流行的語言，我們可以拿「發現台灣」來形容七〇年代的思想核心。不過七〇年代當時的人自以爲發現的是「中國」，而不是台灣。在六〇年代的「中西文化論戰」裡，「中國」、「中國文化」是什麼，並不是一個值得爭議、討論的東西。參與論戰的人都覺得知道中國是什麼，重點只在於這樣的中國應該予以保留還是揚棄。

進入七〇年代，「中國」概念本身成了最重要的爭議對象。浮上意識表層的其實就是：我們現在在台灣所形成的社會、所過的生活，究竟算不算「中國」？持正面意見的人開始質疑以前用來代表中國的歷史、地理象徵，那些鄉愁的附產品，實在是空洞無根的。我們只有回過頭來掌握當下、近身，才真正能夠掌握「中國」。

這樣的一個概念貫串了當時主要的文化論戰，從七二、七三年的「現代詩論戰」一直到七七、七八年的「鄉土文學論戰」。「用現實台灣代表中國」的看法，一方面反對舊民族主義者，另一方面也向五四以來綿延不斷的「西方論」者開火挑戰。所以這樣一個蘊藏了日後台灣本土論述遠源的思想，在當時卻是以激烈中國民族主義的形式出現的。沿如此脈絡，說七〇年代是民族主義論述的鼎盛時期，應不爲過。

不過特別值得注意的是，所有這些論述其實都還是在缺乏對台灣眞正的記錄、了解情況下進行的，所以畢竟始終表現了拼湊意識架構來配合局部現實的性格。其結果是不同領域的現實、不同領域的意識各自對蹠存在，將這段時期的台灣集體精神嚴重切割分畫。

例如說七〇年代在經濟層面上，台灣正是走完了在美援獨立支持下，利用農工部門不平等獲利差異自行累積初期資金的階段。把農業資金擠進國家手中累積再循環的最重要政策工具「肥料換穀」終於在七一年取消。而同年也開始了高雄臨海工業區的建設。

台灣從七〇年代開始正式轉型爲出口導向的加工經濟，並且積極吸收外資塡補美援中止所留下的空缺。七〇年代前期，最引人注目的就是日本大額日圓貸款的進入，日資成了台灣加工工業發展的主推者。

與此相應的，是台灣在文化上鎖國時代的結束。七〇年代教育部開始接連推出延攬留學生返國服務的種種計畫，同時歸國學人在台灣文化、思想界慢慢取代了六〇年代「中西文化論戰」中的老少主角們。由「中國時報」的「海外專欄」作先鋒，到關傑明、唐文標對現代詩發動的全面攻擊，再到七〇年代中期以後余英時、許倬雲等人從學術圈跨向文化性媒體，一波波的新議題、新思想，海外往往都扮演了發動、觸媒之角色。

然而弔詭的是，當台灣的經濟日益依賴外資，文化、知識界也更密切注意西方發展時，我們的民族主義情緒、民族主義修辭權力，卻同時隨著外交上的挫敗而節節水漲船高。整個外在的情勢是：儘管在政治領域，台灣愈來愈缺乏參與、發言的能力，可是卻不妨礙外資的進入，以及國際出口市場的開發。這兩重一消一長的發展併肩脅迫下，台灣的官方論述、教育體制非但不能明白放棄民族主義，甚至需要升高民族主義的修辭強度，來彌補外交上的無能敗退。

▶美國在台協會的大門口。

理想與激動的背後

威權體制的變遷

／郭崇倫

在台北市重慶南路與愛國西路的交會口，有一棟永遠沒有蓋起來的美國大使館。

一九七五年美國國務院的預算撥款計畫中，列出了包含建築費一百六十七萬美金的此項提議，預定蓋在這塊由台北外交部提供的土地上的五層樓有四萬三千餘平方呎，能容納一六二人，「包含所有國務院與武官參事人員，和兩個美新處的職員」。

當然，新廈的計畫，隨著美國與中國大陸的關係日漸熱絡，自然愈來愈不可能，五年之後，台灣就與美國斷交了。

進入九〇年代，替代使館業務的美國在台協會若知道這項計畫，一定會後悔在七〇年代中沒有把使館新廈建起來。目前美國在台協會租用的四千八百坪土地，屬於國中預定地，租約已於去年二月底到期，台北市議會強烈抨擊在台協會不僅占地不還，而且還以遠低於市價的租金支付。

美國在台協會主席白樂崎對此，今年四月時曾憂心的表示，如果用地與上漲租金問題未獲解決，他們將被迫大幅裁減在台的服務項目及人員；對照七〇與九〇年代，主客易位是頗爲諷刺的，這同時也象徵著變化的巨大。

新使館的揷曲僅是七〇年代台灣外交關係全面敗退的一小部分，一九七〇年與台北有正式外交關係的有六十六國，一九七八年只剩下廿一國。

被迫離開聯合國，分別與日本、美國斷交的意義，不僅是台灣從國際社會被流放出來，更重要的是觸發了台灣社會的危機意識，進一步質疑國民黨專權統治的合法性，以及大中國意識形態的正當性。

然而諷刺的是，在另一方面，國民黨內正崛起的派系，利用這股要求與不滿，把與自己不和或敵對的派系打下去。外交危機、黨內權力鬥爭，與民間對改革的期待要求，遂成爲七〇年代台灣政治演變的三要素，而用此三者的關聯來看九〇年代初這幾年的變化，竟然也沒有差別多遠。

過去研究威權政體轉型的學者，都是從社會給政體的壓力來著眼，他們所關切的或者是由於現代化、中產階層的興起，或是因爲生產力發達、新型式的階級衝突產生而導致轉型。現在的研究者多半把眼光轉至威權政體本身，這當然不是意味著同意國民黨所宣傳的——是因爲大有爲政府的「政治建設」，才獲致今日的自由民主；他們注意焦點反而是國民黨的分裂與內鬥。

統治集團之所以分裂是由於危機以及危機所衝擊的權力結構，內部的危機可能是經濟財政困難、繼承問題等等，外部危機則來自戰爭威脅或外交上的挫敗。對一九七〇年的台灣來說，蔣經國的繼承過程還沒有完成，雖然在情治單位、軍隊、與行政系統皆已大致掌控，但是中央黨部與黨的中央委員會，還皆是「前朝老臣」。

此時外交上的挫敗，如一九七一年在聯合國會籍被取代、一九七二年尼克森宣布訪問中國大陸，都立即會對國民黨政權有戰爭與安全上的威脅。

把社會不滿轉變爲支持的邏輯是這樣的：「爲了挽回外交上的逆勢，進一步加強內部團結，執政的國民黨必須要有改革，而改革不能夠靠目前這批老朽保守的人，而要冀望觀念開通、有誠意有力量的改革者，在當時，捨『行政院蔣副院長』不做他人想。」

而一九七〇年代初，以《大學雜誌》爲首的民間批評與壓力，確實成就了蔣經國完全掌控黨機器的目的。《大學雜誌》的核心人物，也是當時中央黨部幹事張俊宏在接受訪問時指出，《美麗島》雜誌之前，台灣短暫出現的二次「民主」，都與在野力量無關，僅是統治集團內的權力鬥爭中短暫出現的空間。

在國民黨遷台之初的十年內，由於蔣介石與陳誠力量實際對峙，所以有《自由中國》雜誌發展的空檔；雷震被捕，象徵著陳誠力量的式微，接下來的十年是極權統治的顛峰。一九六〇年代中葉，蔣介石生病衰老，接下來這十年中，蔣經國與元老重臣對峙，於是有了《大學雜誌》。

民間期望與黨內鬥爭的互動，開端於一九七〇年十月，祕書長張寶樹所召開的青年國是座談，據張俊宏回憶，兩次座談會的與會者後來都加入了《大學雜誌》。

當時的《大學雜誌》中有二批人，一種是像張俊宏、許信良等已在國民黨核心工作的本省人，另一類則是國民黨的權貴子弟，如丘宏達、關中、馬英九、魏鏞等人。張俊宏認爲，這批權貴子弟與中共現在的太子黨有些類似之處，年輕、高學歷，但要進一步在黨內晉陞，受到一批有經歷無學識的「有術無學」的中老年幹部阻擋，年輕的人「很不耐煩」。

據張俊宏回憶，當時沒有省籍之分，大家都是想改革，普遍的心態是：「國民黨改革喊假的，我們做眞的」，然而大家也都是黨內的改革派，「批判的文章非常婉約，不敢露出鋒芒」。

但是隨著蔣經國接班大勢已定，自由的空間也越來越小，一九七二年五月底，蔣經國出掌行政院，一方面提出十項政治革新號召，準備開放台灣地區的增額中央民代選舉，另一方面，則開始張俊宏口中的「第二個恐怖統治的時代」，除了造成早些時候的大華晚報李荆蓀案、戴華光案，還有稍後的台大哲學系事件。《大學雜誌》的人也各分二途，大部分精英分子透過李煥主持的「國家建設研究班」，成爲國民黨的替換新血，少部分的異議者，在社會上遭壓制，如張俊宏兼課遭解聘、賣麵又失敗，整個社會重歸於一言堂。

整個政治專權的過程，在一九七五年四月蔣介石總統去世時，達到象徵性的最高點，嚴家淦繼任總統後發布的治喪令，完全按照帝王駕崩的禮節，其中包括：全國軍公教學生綴佩喪章一個月、電視台以黑白播出一個月、停止所有娛樂，淡水鎭取消了九年一次保生大帝大拜拜，以致哀悼，甚至連台灣省及台北市肉類公會，都決議禁屠並停

▶七〇年代的政治角逐場——省議會。

止營業三天。

然而他的死，也象徵著一個時代的過去，對許多在一九四九年前後，「跟隨」他來台灣的外省人，他們的哀悼之情是眞誠的，因爲「老頭子」的死，代表反攻復國希望的破滅，自己有生之年，再也見不到家鄉親人，悲痛是眞的爲身世家國而痛。

對台灣在野力量而言，他的死等於在心中除了一層隔障，四個月後，《台灣政論》問世，這本完全是由在野力量創辦的雜誌，第一期再版了五次，第五期發行量達五萬份，旋即遭到停刊的命運。

但是整個在野的民間力量，已經因爲經濟發展、中產階級增加，而興起了，統治者不再可能隨著己意，收放自如。

於是二年之後，在五項地方公職人員選舉時，爆發了中壢事件，而桃園縣的許信良與台南市的蘇南成，以黨外身分獲得壓倒性勝利，第六屆省議會，更有廿一席的無黨籍人士，占全體的四分之一以上。

事實上，這批省議員在霧峰的政治策略與主張，隱隱然已有一九九三年民進黨立法院政團的雛型，他們除了提出許多當時仍屬禁忌的全國政治議題，還合組聯合質詢，形成莫大的壓力。

到了一九七八年十二月初，國際外交危機、國內社會民主壓力，以及威權體制企圖維持統治，三個因素再度交集。

這次台灣的外交危機，起因於數千里外的德黑蘭；一九七八年伊朗革命成功，美國在蘇聯中亞邊境的監聽站即將不保，更重要的是，華盛頓擔心莫斯科的力量馬上會由伊朗伸向中東。

為了謀取戰略上的平衡，美國與中國大陸建交的腳步加快，一九七九年正式建交後，新疆的監聽站開始運作，蘇聯也從中亞邊境抽調軍力增援遠東軍區，美國的戰略運作發揮了功用。

但突然加快的「關係正常化」腳步，對台灣政局卻有驚天動地的變化。蔣經國總統在十五日夜裡被告知後，翌日立即發布不需要立法院同意的「緊急處分令」，嚴令軍事全面戒備、維持經濟穩定，以及停止正在進行中之增額中央民意代表選舉。

對於這項「超越憲法」的命令，黨外方面最初是自動的「冷靜自制，與政府共謀對策」。根據呂秀蓮《重審美麗島》一書的回憶，當天清晨命令還未宣布前，康寧祥即電話聯絡各縣市黨外人士，請其暫停活動，靜待政府處置。

自認聲勢高漲的黨外候選人，當然無法長久等候，果然「靜待」不到一個月，就有了結果，國民黨決定以「國家面臨之非常情況仍在繼續狀態」，表示「尚需體察情勢發展，再行定期選舉。」

同是候選人的呂秀蓮，回憶當時大家的感覺是，「對於何時恢復選舉，頓感遙遙無期而忿恨不平，咸認那是國民黨因為輸不起而耍賴皮。」

在這種氣氛下，三天以後的余登發匪諜案，以及半年後許信良的休職案，都被認為是國民黨蓄意打壓黨外力量的表現。爲了自保，也爲了延續選舉以來的動力，一九七九年六月「中央民意代表選舉候選人聯誼會」成立，八月底，《美麗島》創刊號問世，至此，朝野之間的對抗已沒有辦法避免，終於在一九七〇年代的最後一個月，高雄事件與接著的大逮捕相繼發生，台灣的政治變遷已走上無可挽回的分叉路了。

從九〇年代回顧七〇年代，我們可以感受那種不安浮動的氣氛，雖然看不到明確的方向，卻充滿著理想與激動。

然而進一步觀察，似乎九〇年代國民黨內外的合縱聯盟、民意機構的議事策略，乃至國際因素對國內政局的衝擊，都有七〇年代的模式可循；究竟那一個時代是最單純的時代，還是最複雜的時代，九〇年代怕還是看不清楚吧！

▶小說家平路。

釣運反思錄

青春與反叛的質疑

／平路（台灣）vs.劉大任（美國）

一九七〇年八月十日報紙

【合衆國際社東京十日電】日本外相愛知揆一今天說，日本已告訴中華民國政府說，在琉球西南面的尖閣群島（即釣魚台列島）屬於日本的。

愛知揆一在參議院的一個委員會會議上說：「本政府已正式通知中華民國政府，任何片面主張對這個群島及其沿岸淺海區域的權利，是國際法所認爲無效的。愛知揆一說，台灣方面對於日本對現在琉球美國管理當局治理下的這五個島嶼的領土主權從未正式提出疑問。

平：我想我們反過來，從結果開始談。現在到了九〇年代回溯，二十年前海外的那場釣魚台運動，對當事人自身產生的意義遠大於社會改造或者改變歷史發展軌跡的意義。而你作爲釣運的主要成員，怎麼看待它？

劉：這一點，我同意你的看法。其實我自己後來整個反省，差不多有十幾年的歷程，我自己的結論裡，保釣運動是一個高級知識分子政治上的演習，不是眞正的運動。

平：到後來，爲什麼這場演習的意義與任何一地的社

◀七〇年代的保釣大將劉大任。

會發展無關？

劉：原因就是釣運在國土以外進行的，一開始，釣運受到當時世界思潮的影響，思想上比較激進。與台灣當時社會情境比較起來，口號太超前，把自己回台灣的路斷掉了。因此，參與這個運動的主流人物無能將想法實踐在自己的土地上，之前的人物像孫中山、像胡適之、像周恩來，他們都有回到中國的途徑；甚至像台獨運動，也有遷盟回台的機會。保釣，沒有這樣的可能。

一九七〇年九月二十六日報紙

【中央社台北二十五日電】外交部代部長沈劍虹，今天向立法委員們保證，外交部處理釣魚台列嶼問題時，必定秉承行政院的指示，慎重仔細，一定據理力爭，絕不輕易妥協或作任何不合理的讓步。

沈劍虹在答覆立法委員質詢時說：對於這個問題，政府經詳細研究後，已作兩點決定：

㈠此刻日本不是與我們商談這些島嶼主權問題的對象，事實上，琉球群島及釣魚台列嶼此刻都是在美軍代管之下，我們已決定正告美國，中日兩國已發生爭執，希望美方加以注意。

㈡日本是我們的友邦，要顧全中日的全盤關係。

平：釣運作爲一個無法移植到自己國土上的運動，現在回頭看，它必然發展的軌跡恐怕就很清楚了。

劉：發展的過程中，運動的主流始終沒有涉入權力與利益。當然例外的是有一部分人，在保釣開始沒多久，他們比較保守的、偏右的意識形態就抬頭了，他們就站在保釣主流的對立面，其中一小撮，回到台灣去，倒也加入眞正的政治生活。以保釣的主流來講，始終與眞正的權力無關，結果是作爲政治運動，它向內轉化。參與愈深的人，向內轉化愈厲害。反省的愈深，內部受到的撞擊就愈大。

平：這種向內的反省，某一個角度看，不也是六〇年代西方學運領袖共同的結局嗎？他們反省的結果各自不同，有的，此後反而更積極地參加資本主義的遊戲規則；有的，到現在仍然專心於社會服務與社區福利；有的乾脆投入地方性選舉；有的，反省的終點成了新保守主義理論上的健將，或者還在大學校園裡鼓吹自由主義。比較起來，除了找不到著力點的土地，釣運對參與者的影響似乎又多了一道轉折，主要地，也跟後來釣運變成統運，然後，紅色中國的理想竟然整個破滅有關吧！

劉：到了一九七三、一九七四年之後，文革的眞相漸漸掀開了，確實對運動造成思想上莫大的困境，運動整個失去了方向。我自己一九七四年從中國大陸回來，朋友要我用一句話綜合此行的經驗，我說：「那邊的人，活得不像人。」說了這話，我還給自己惹了不少麻煩。

一九七一年二月一日報紙

【中央社紐約卅日專電】包括紐約與舊金山在內的美國各大都市的部分中國留學生，於廿九及卅日兩天分別舉行示威運動，反對日本對釣魚台列嶼的無理主張，並擁護

> 中國政府維護主權、領土完整的嚴正立場。
>
> 參與這些示威的學生,曾發表演說,對日本表示抗議,並說明他們支持中國政府對釣魚台主權的立場。
>
> 各地示威行動都有秩序地進行,並未發生任何意外事件。

平:還是由運動後期的發展向前看,釣運最關鍵地是國是大會後整個運動轉成統運。你認爲釣運轉到統運的原因是——

劉:釣運有三個階段,第一個階段請願,包括簽名、發表宣言,向台灣的政府提出五項要求。第二個階段抗議,開始有示威遊行。到這時候,國民黨的反應都相當冷漠,先是置之不理,繼而造謠中傷、分化打擊,後來才勉強派人疏導。第三個階段是國是大會,從布朗大學、安娜堡,各地都開,釣運人士在受挫的心理狀態下,認爲運動要深化,必須檢討問題的根源,問題根源在許多歷史狀況都是因爲兩黨的殘酷鬥爭造成的,所以一定要結束分裂狀態。釣運轉到統運,是透過一個「認識祖國運動」展開的。

平:以九〇年代的角度回溯,或許不太公平,但我們現在看,當時的邏輯有粗糙的地方。釣運一方面受到六〇年代風潮的影響,相信反體制的力量;但另一方面,受挫的心理狀態下,又去依靠一個強大的祖國來保衛國土。這其中,有些矛盾吧!

劉:不會有這樣的矛盾,就因爲大家不是要去依靠一個強大的政權。當時台獨批評保釣,說我們「西瓜靠大邊」。

其實，在保釣之前，主要成員們在美國大學的校園裡已經待過一段時間，頗受到學生運動、反戰運動、民權運動的耳濡目染。保釣運動與全世界的反戰與反體制運動結合在一起，這是毫無疑問的。

平：這時候岔開來，問一個現在式的問題。到了今天，經歷了與民族主義脫不開關係的釣運，你是怎麼看民族主義呢？如果把它當成名喚，恐怕必然裏著虛枉的東西吧！

劉：民族主義這一類的情緒，也不是像目前台灣大家想像的那麼虛幻的事情，有些東西，跟你的生命本源有關。像你與你母親，對自己誠實的話，不必把它看成很虛枉的，它是屬於你的。

一九七一年四月

四月九日，美國國務院對釣魚台問題發表聲明說，美國政府將於一九七二年把釣魚台列嶼交還給日本。中國留美學生次日（四月十日）在美國首都華盛頓舉行二千五百餘人的「保衛釣魚台」示威大遊行。台南成功大學學生率先於台灣舉行保釣愛國遊行。同時，國立台灣大學的僑生（香港德明校友會），則於四月十二日清晨，在台大校園貼出第一張抗議海報。

四月二十一日，在第一張抗議海報的一周後，台大成立了「保衛釣魚台委員會」常設機構。

一九七一年六月十七日台大學生在美國大使館前集結宣讀抗議書。隨後，入大使館交遞抗議書，使館代表接受抗議書並答應轉交給美國政府。

平：既然你說不是要依靠祖國，再回到釣運與反體制運動的關係。你剛才那麼說，裡面有一個問題。美國校園反體制的運動，到了一九七〇—一九七一年，退潮的趨勢很明顯。少數組織，已經走到了非暴力主張的對立面去。反戰的花童花女嬉皮們也疲態備露地在試驗各種藥物。那時候，釣運在一九七〇年冬天開始，對於六〇年代在美國校園裡的反權制運動，卻好像一個延遲的反應。爲什麼，釣運沒有洞察到這一類與青春激情有關的運動必然的限制呢？

劉：確實，一九七〇年冬天，美國的校園運動，已經走到了它的強弩之末。但在當時，我們沒有人這樣感覺。當時，作爲外國人、留學生，我們無從進入美國學生運動的核心，我們始終只是站在邊緣觀看，並不知道美國運動團體裡已經搞小圈圈，互相鬥爭，產生了一些問題。另一方面，正因爲站在周圍觀察，接觸的卻是美國反體制運動中最激烈的一面。保釣開始的時候，我們之中沒有人覺得「黑豹黨」是錯的，不少人都深信，美國社會一定會產生暴力革命！就因爲釣運人士在最激進的氣氛底下在邊緣觀看，釣運一開始就相當激進。

平：那麼，中國大陸一九六六年開始的文革，到一九七〇年左右，其實也已經有一些啓人疑竇的消息外洩，在香港的人們就無可避免地會看到一些。爲什麼七〇到七一年的釣運從頭到尾肯定文革？即使懷疑文革含著負面發展的可能，釣運的主流之中卻沒有人正視它、沒有人提出來

▶毛澤東和林彪出現在紅衛兵大會上。

檢討嗎?

劉：關於文革，一九七〇年冬天，我們在海外，剛剛接觸到一些文革初期的訊息。事實上，六〇年代末，我們才在大學校園裡看到介紹中國的一兩部記錄片，一些西方人譬如艾加．史諾拍的。也是因爲之前在國民黨控制下的台灣，關於中國大陸的消息完全閉縮，社會思想上有一個歷史的斷層，彌補那個斷層，就要靠一種非法的活動譬如去找禁書、去偷聽廣播來進行。四九年之後，中國那片土地上發生了什麼，對我們成爲一種思想上莫大的吸引力。美國則是自由國家，對中共的資訊也採取封縮政策，一九七〇年那時候，我們確實一點沒感覺到文革有任何問題。到一九七一年秋天，林彪事件才傳到海外，大家也只是迷惑了一陣。總之，那時候的時代氣氛是越戰還在繼續，美國國內反體制運動，至少在表面上，還進行的非常激進。

一九七二年五月

一九七二年五月十五日，美日兩國達成協議，私相授受琉球和釣魚台列嶼，中華民國政府抗議無效。

五月廿二日「台大保釣委員會」以「無所作爲」、「有負全校同學之期望」的發表聲明，宣布解散保釣委員會。一年來台灣的保釣運動，於此落幕。

平：再談談釣運的成員之間的關係吧！你說的，運動不能夠改造社會，就會內化。那麼，當時在運動成員之間是不是也造成傾軋，友情的破裂，以及對彼此忠貞度與背叛可能的考查等等？

劉：一場政治演習既然不涉及眞正的權力與利益的爭奪，完全脫離了現實的考慮，人格上的要求會更純粹，結果，就在比較誰比誰更正確、更激進。這時候十分虛幻，像與自己的影子打拳，同志互相攻訐，在最細微末節的事情上要求高度的純粹化，釣運就是如此。

平：這種傾軋是不是也導致釣運的匆匆落幕？

劉：釣運內部產生了許多問題，釣運作爲社會政治運動，當然不可能繼續。再加上運動的理想是寄託在理想化的馬克思列寧主義與毛澤東思想，一九七三、一九七四年之後，人們都見到了眞實與理想之間太大的差距。

平：釣運結束之後，對個人立即的影響是什麼？

劉：每個人的反應不一樣，對我而言，一九七四年到一九八〇，六、七年的時間，是我一生中最痛苦的時間。我想，對許多參與保釣的人來講，這段時間也是最痛苦的。我後來知道，只有回到文學上去，我要自己救自己，這是唯一的一條路。攪在政治的漩渦裡，不僅改不了這個社會，連自己都會毀滅。對於沒經過海外釣運的那些朋友，他們可能還停留在理想的狀態繼續追尋。我是不是也背叛了我與他們中間的那份友誼？我的結論是，我一定要非常誠實，我希望我的朋友都能夠回到文學的崗位上來。那時候，我在一九七五年春天寫的〈長廊三號〉，副題其實就是獻給一別十年的陳映眞的。

一九八〇年八月三十一日報紙

【本報訊】外交部發言人劉達人昨日重申我政府對釣魚台列嶼的主權，任何涉及我國權益之行爲，我一概不予承諾。

外電報導，共匪建議要求與日本及美國共同開發釣魚台列嶼及其周圍海域之石油資源，又日本決定以釣魚台各島及其領海外之北部海域爲對象與共匪共同開發油源。

劉達人昨日上午在例行記者會中評論此事時指出，共匪爲一叛亂團體，無權代表中國，其任何涉及我國權益之行爲，我一概不予承認，其與第三者達成之任何協議均屬無效。

平：這樣說可能比較殘忍。但還是問你，釣運由失望而幻滅，以及整個否定自己的過程，然後，必須爲自己去改換了一種人生觀。現在你再回看，種種折騰，有這個必要嗎？

劉：你是在問我後不後悔的問題？

平：也不只是個人後不後悔的問題。如果以時代來說，七〇年代之前，人們都處在控制很嚴的威權體制之下，在家裡，則常是不容質疑的父權。那時候，年輕人找的出路若是最決然的反抗；反抗的另一面就是相信有立即的解決辦法，以及存在一個一蹴可幾的最理想的社會形態等等。到了九〇年代，台灣的氣氛寬鬆了太多，因此，以今天年輕人來說，不會去希冀立即改變世界的可能。因此，也比較不可能有整個幻滅一回的歷練。這麼看，釣運人士刻骨銘心的經驗放在目前台灣，不只是無法落實的經驗，甚至是無能傳遞的經驗！

劉：如果釣運今天重來一次，我想，我還是會走進去的，正因爲當時我作任何決定完全眞心眞意。至於台灣是不是還需要我們的經驗，我想，今天台灣的民主化，發生了許多問題。唔，其實人是很可憐的，跳不出客觀環境的限制。這些問題，我們釣運人士在海外看起來，有一種會心微笑的感覺。

一九九〇年十月廿二日報紙

七十九年台灣區運動會聖火，廿一日下午在日本動用軍艦、飛機，實施空中監視、海上攔截阻撓下無法登陸釣魚台，經過三個多小時僵持，載送傳遞聖火人員的「上賓一號」漁船，於傍晚接獲區運主辦單位「回航」指示，黯然離開釣魚台海域，並於今天凌晨二時左右折返南方澳。

但主辦今年區運的高雄市長吳敦義認爲，由於聖火船已進入釣魚台六海里範圍，因此已達到宣示主權目的。

平：那麼，你覺得釣運與後來台灣民主化有沒有一些間接的關係——

劉：譬如說，當年的白色恐怖，不去突破它，是不會倒的。有人衝了，就發現不是那麼牢不可破，就這個意義來說，海外發生保釣與台灣後來的黨外運動，是不是完全沒有關係，我不敢說。至少在人們的想像力上，是有一定聯繫的。此外，兩岸互相仇視的狀態，是不是一種合理的狀態；同樣地，如果沒有人去衝破這種禁忌，是不是讓不合理的狀態繼續下去？這些，我們當時做的時候，其實並沒有考慮到。也不知道自己衝破的是什麼禁忌。

平：回到我們的九〇年代，目前台灣說起民主化的歷程，似乎並沒有肯定像你提的保釣任何貢獻，你作爲釣運的主要成員，有沒有話要說？

劉：我想，保釣運動也不會去爭自己有這份貢獻。主要地，我認爲那段時間的保釣，還是有東西值得挖掘。台灣現在向前衝的速度太快了，當速度不必這麼快，而知道向前衝得太快也不一定是鳥語花香的時候，再參考吧！

性探索

多做少說的七〇年代

／何春蕤

不管父母師長或輔導專家們如何苦口婆心地勸告我們的青少年：「性是一件既自然又美好的事情」、「性是一件你找到終生的伴侶才可以做的事情」、「性是兩個人之間非常嚴肅神聖的活動」、「性是包含著義務與責任的享受」；不管成年人以多麼急迫緊張的眼神和語調細數眾多因性失足，悲劇以終的虛實故事作爲恫嚇——我們每一代情慾波動、躍躍欲試的年輕孩子們總是以他們自己的方式，義無反顧的探索自己和彼此的身體，尋求愉悅舒洩的泉源，在無數試驗實驗的經驗中累積出他們對性的認知。因爲，性慾是那麼一股沛然莫之能「馭」的力量。

雖是在九〇年代的眼界中回顧七〇年代青少年的性探索活動，我們卻發現當年的衝動與創意一點也不輸給今日，其間的差異大概只是今日青少年的情慾活動愈來愈和商業活動分不開，這也就是說，情慾被資本主義金錢邏輯滲透甚深，以至於情慾活動或情慾表達都需要藉助商品（花、禮品、名牌衣著、狄斯可等）才能進行。

七〇年代的情慾空間其實也很多樣，其共通點則是經濟上的耗費較少。以當時最流行的家庭舞會爲例，只要父母不太嚴厲，願意讓出客廳來給孩子爭個面子，孩子便可呼朋引伴，借得各方的唱片，調點果汁，撒上滑石粉，在自己家中名正言順的扭暗燈光，進行最起碼的肢體接觸。參加舞會的朋友通常一點錢也不花，只要幫忙打雜就可以了。

這種舒解情慾的活動由於多半是在朋友之間擴大邀約，因此情慾的網路也沿著原有的人際關係向外擴散，由同學、玩伴擴散到他們的同學和玩伴，很少有像九〇年代那種與全然的陌生人進行情慾試探的各式場所（如狄斯可、PUB、來電交友中心等等）。

家庭舞會既然提供一個多多少少有人際關係基礎的安全環境，再搭配著當時大量輸入的慢拍西洋情歌舞曲，不少青少年男女因此得以沉緬在昏暗但穩定溫暖的氣氛中，隨著旋律和舞步逐漸進入情況，在相擁中感受異性身體的刺激，初識不久便跳三貼舞的男女不在少數。這種緩慢舒展但熱情澎湃的情慾，十分適合當時還頗依賴人際交往的青少年，不似九〇年代習慣疏離和原子化的青少年們在震耳欲聾、詞調不清但節奏狂野的音效及閃爍著不安變化的燈光乾冰中爆發著自我身體的能量與情慾。

七〇年代的家庭舞會是在集體的場域中隔著衣物感受身體貼合的觸感，如果希望更進一步探入衣物，往往就需要轉進到更私密的空間去。在許多青少年沒有自己的房間，又不想被家人監督的狀況下，黑咖啡館應運而生。在高背座椅、濃密盆栽，和昏暗的燈光中，一對對情侶在卡座中探索身體的極限，從親吻、愛撫到互相手淫都是例常的公式，少數慾火燃得比較烈同時又比較有創意和膽量的

▶西門町經常是「落翅仔」閒逛的地方。

情侶，甚至可以不脫衣服地在狹窄的椅子上坐著性交。黑咖啡館的多功能性質也因此使它成為七〇年代最具歷史意義的情慾文化地標。

在性刺激與性誘惑的圖像尚未大量進駐媒體的七〇年代，情慾雖然緩慢舒展卻絲毫不減其強度。入夜之後，另外一些不太耗費金錢的黑暗角落開始人影幢幢，不但有熱情的情侶，也有飢渴的窺視者。當時新近完工，地形轉折，樹叢很多的國父紀念館或故宮博物院，各個大小公園，甚至施工中的大廈國宅工地，都是熱門去處。故宮博物院對面的民宅一到傍晚就開始向騎摩托車經過的情侶拉客寄車，傳聞故宮的清潔人員一大早就得先清除散落在草地樹叢間的大量衛生紙團，以免妨礙觀瞻，由此可見夜間活動之興旺。

我們一般的印象總覺得男性的性生活比女性來得活躍，但是以七〇年代的時代背景來看，恐非如此。越戰期間駐紮在遠東的美國軍人以台灣為其極重要的休假地點，不管大兵們本來是否已經結婚，到了異國，挾其帝國主義殖民經濟的優勢，莫不想在本地女性身上尋求慰藉。於是，不少出路有限，前途無亮的眷村女子占地利之便，發展出許多異國戀情或投入非職業性的伴遊同居，反正短暫的歡愉也是歡愉。此外，七〇年代初露端倪的青少年問題之一就是逃家少女的湧現。這些「落翅仔」經常在西門町閒逛，以身體換取些許金錢或過夜地點。她們和捲入異國關係的女性一般，很早便已掙脫了貞操觀念的束縛，而且累積了不少異質的性經驗，有些或許終究墜入風塵，但是也有許多後來默默帶著她們個人的故事遁入婚姻家庭。

這些特殊的歷史因素爲當年的女性開創了更多以性活動爲主要目標及內容的交往關係，如果再和前面說的那些一般的性探索連起來看，我們發現七〇年代的性活動一點也不貧乏。

事實上，在一九八二年優生保健法使得人工流產合法化之前，台灣地區的墮胎比例已十分可觀。由於保險套尚未普及，青少年多半倚賴計算安全期或斷斷續續服用的避孕藥來實行避孕，意外失手的比例很高。有統計數字顯示七〇年代的墮胎率已達百分之十一點八，這當然包括了已婚婦女的墮胎數字，但是如果我們考慮到這是在墮胎合法化之前，許多手術——特別是未婚少女的墮胎——不會報給官方，那麼，即使扣去已婚婦女可能占去的一大部分，未婚婦女的墮胎率仍然不低。這也間接證實了七〇年代性活動的頻繁。

指出七〇年代性活動的頻繁並不意味著這種探索和享受的分配是平均而普遍的：都會區的機率和頻率還是比鄉村高很多，中上階層的青少年也比其他青少年更傾向性開放。但是一般來說，由於情慾空間和花費都還算經濟，青少年男女交往也還未被吸納進入市場的金錢邏輯，因此情慾探索很有個別色彩，而且是大部分人都可以加入的。時至九〇年代，花費較少的情慾空間愈來愈難找，最起碼的前奏暖身活動也往往要座落在昂貴的情人套餐和豪華的休閒場所中進行，居於初識和上床之間的過渡空間（如黑咖啡館）幾乎付之闕如，起而代之的是對當代性文化最具影響力的硬體裝備：汽車。這個退可暖身進可直攻的交通工具把情慾活動由都會擴散到鄉間的度假場所，但同時也更緊緊的把情慾活動關進了汽車和賓館的內部密閉空間。而汽車所代表的金錢實力也使情慾活動漸次兩極化，有車的那一端在情慾活動上大占便宜，無車的那一端則困難重重。情慾資源的積累不再像七〇年代那樣沿著人際關係進展，而是沿著資本主義的金錢邏輯來擴大，使優勢階級的子弟得到更多的情慾滿足。從這個角度來看，當代的情慾發展意味著中上階級的情慾空間和流動性擴大，這個解放是和下層階級無緣的。

對於活過七〇年代並在其間嘗試性探索、累積性經驗的人而言，九〇年代的情慾活動似乎太現實太任性了一些，但是這個印象有很大一部分是由九〇年代有關性、有關兩性人際關係變遷的眾多論述來建立的。七〇年代的情慾活動沒有人述說，我們擁有的遺跡只是形諸規範、見諸政策的壓抑措施，以及口耳相傳的失足故事和父母師長的殷殷勸誡，或許這些圍堵的跡象正標示了那個「多做少說」的時代。

再從另一個角度來看，九〇年代狂熱出軌的情慾恐怕正是因爲我們已經在七〇年代把情慾推到了一定的高度和強度，按著「情慾如過河卒子，有進無退」的原則，我們在九〇年代需要愈來愈強、愈來愈禁忌、愈來愈多樣的性刺激才能達成情慾的滿足。

如果說七〇年代的青少年在摸索中發現了彼此的身體和情慾，那麼，或許九〇年代的我們有機會在他們的基礎上建立一個新的身體觀。這個新身體觀相信身體不是用來交換金錢、愛情或婚姻的手段，身體的愉悅本身就是目的；它也相信身體的任何部分都可以被當成性器官來獲取愉悅，無處不是情慾。在這個多做也多說的年代中，只有人人都來說、大家動手寫的各式情慾故事可以對抗那些企圖壓抑馴訓情慾的性論述。

我們期待情慾出軌文學時代的到來。

化做春泥更護花

／張娟芬

七〇年代，一個婦運擦槍走火猛然爆發的年代。

七〇年代的台灣，社會財富在逐漸增加，戰後受到完整教育的新生代也相當程度的擺脫白色恐怖的陰影，提出「中央民意代表全面改選」等政治改革主張。雖然相較之下，性別議題仍然沉寂，但一個知識婦女的階級正在悄悄孕育成形：通過聯考、取得高等教育就學機會的女生越來越多。一九七一年夏天，聯考放榜之後，輿論更是一片「如何防止女生過多、保障男生名額」之聲。

呂秀蓮正好在那時獲得美國伊利諾大學比較法學碩士學位，回國任職於行政院，並在銘傳商專任教。呂秀蓮本身在求學的路途上相當順利，完整的高等教育可說是她自信與能力的來源；在輿論隱然有緊縮女性教育權之勢的情況下，呂秀蓮連續發表〈傳統的男女角色〉、〈兩性社會的風響〉等兩篇文章，來自各大專校園的演講座談邀約從此開始，《幼獅月刊》、《女性》、「中時人間」、「台灣時報」、《婦女新聞週刊》等媒體也紛紛向她邀稿。呂秀蓮暢言勤寫，在言論界攻下一片女性地帶。

七一到七三年之間，可說是婦運言論空間開展的階段，主戰場在媒體、演講座談會場，七二年轟動一時的「鍾

◀在淡江教書的李元貞，於七〇年代開啓了性別問題的思考。

肇滿案」就是一例。鍾肇滿是留美準博士，因懷疑妻子不貞，殺妻後返台自首，輿論對鍾多所偏袒。呂秀蓮爲文痛陳：「最莫名其妙的是，在我們這個濫情氾濫而公道遁跡的社會輿論之下，被告所見諸於公眾的聲容形象，彷彿不似一個待罪的犯人……，他可以告她，可以和她離婚，就是不可以殺她；他殺人也許出於手誤，也許失去理智，但作爲第三者的我們，就不能因爲口誤，因爲傳統迂腐的觀念就混淆黑白，顛倒是非地妄施恩惠起來。」當時在淡江中文系教書的李元貞，也因鍾肇滿案而開啓了她在性別面向的思考，間接埋下八〇年代第二波婦運的種子。

婦運言論所引起的回響與爭議，把基於義憤「坐而言」的呂秀蓮，推上發起組織、「起而行」的道路去，她自己也承認：「整個情況的演變，顯然令我措手不及。」七二年她試圖成立「時代女性協會」受阻，開設咖啡屋「拓荒者之家」數月之後因經營不善終告歇業；七三、七四年積極與國際婦女組織聯繫；這時候已非媒體的言論戰，婦運組織能否生存下去，才是努力的焦點。七六年成立的「拓荒者出版社」就是初步的組織成果。

七六年可說是第一波婦運的高峰。「拓荒者出版社」在一年內出版了十五本有關性別議題的書，辦了「男士烹飪大賽」和「廚房外的茶話會」，並在亞協贊助下調查台北市家庭主婦的現況。高雄則開辦了「保護妳」專線，提供婦女諮商與詢答服務。這些活動都獲得媒體的大幅報導，然而拓荒者出版社終於還是在七七年結束了業務，呂秀蓮遠赴哈佛大學進修，其他成員也先後脫離了婦運的行列，或者進修、或者把心力轉往其他事；但也有一些人持續以成長團體的形式聚會，如李元貞、顧燕翎、鄭至慧等人。

七〇年代婦運的主要議題有兩個重點：一是反省傳統性別角色，二是反對父權法條。呂秀蓮提出的「新女性主義」裡，「先做人，再做女人」的響亮口號就是主張女人應享有同男人一樣的人權，舉辦「男士烹飪大賽」、「廚房外的茶話會」兩項活動，更是明顯的質疑「男主外、女主內」的性別分工。學法律的呂秀蓮也多次批評民法、國籍法中關於子女姓氏、國籍、監護權、親權、夫妻財產等父權法條，並爲「民法親屬編修訂草案」和「墮胎合法化」兩案催生。法律的修正有賴婦女團體的動員力量，在組織上起步未久的七〇年代婦運在這方面自然難有具體成效；而有關性別角色的論述，則有值得商榷之處。

呂秀蓮的「新女性主義」在性別角色上的主張相當搖擺。「先做人，再做女人」似是肯定了女人的才能，拓寬了女性的性別角色，但「是什麼，像什麼」卻又要求女人溫柔嫵媚。如果僅僅是爲了應付當時保守的社會，也只要言明不排斥溫柔即可，不應以溫柔嫵媚爲女性的行爲規範。

「先做人，再做女人」固然要求女性與男性同享權利、同盡義務，但「是什麼，像什麼」又強調女人既結了婚就必須盡到持家、教子、守貞的「本分」。她理論中的理想典型隱然指向中產雙生涯婦女——事業有成，家庭幸福，在外獨當一面，回家甜蜜可人。然而事業要成功，她必須「雙倍卓越」，那能兼顧家庭？即便可以，父權家庭又果真容得下一個事業有成的妻子嗎？事業與家庭的衝突、陽剛特質

◀薇薇夫人是七〇年代的「模範女性」。

與陰柔特質的衝突，是女人常常要面對的困乏之境，呂秀蓮未處理其中的衝突，肯定也是白肯定。

在穿著舉止上，呂秀蓮非常遵循傳統對女性的要求，這種保守是當時必要的妥協，還是她自身深層意識未解放的「證據」？當時頗負盛名的專欄作家薇薇夫人，在一篇推介「新女性主義」的文章中曾明白表示，因見當時婦運者的打扮都「十足女性化」，不是她想像中「剪髮、穿長褲『擬男性』化的女性」。加上她們不偏激，故樂於與之爲伍。無論出於個人被制約的性別刻板印象還是出於策略性考量，常時婦運者在穿著外表上的保守妥協，的確交換到了一部分的支持者。

七〇年代的婦運，是戰後女性第一次因性別議題而集結。因爲是第一次，所以缺乏組織經驗，沒有動員女性群眾的網絡，個人英雄主義阻礙婦運幹部的培養；但婦運組織化最主要的阻礙，仍在於當時全面緊縮的人民結社權。「時代女性協會」的立案申請被社會局拒絕，「拓荒者之家」有情治單位的眼線來「臥底」，連「保護妳」專線擬以被強暴婦女爲主要服務對象，都招徠「易導致不良國際視聽，成爲對岸統戰工具」的反對意見，最後只得擴充爲處理所有婦女議題。七〇年代婦運在七六年活躍一年之後轉趨沉寂，組織也解體，恐怕是那個風聲鶴唳的年代必然的結果吧；然而「拓荒者雜誌社」提供了有女性意識的女人一個彼此認識、初步集結的機會，在「拓荒者」相識的李元貞、顧燕翎、鄭至慧等人，都在八〇年代的婦運中發揮了很大的作用。七〇年代婦運組織雖很快結束，但它並非憑空消失，而是「化做春泥更護花」，經過七〇年代末的沉潛之後，很快就在八〇年代初，昂揚復返。

自古餘桃多穎悟？從來斷袖出俊男！

／李幼新

一九七四年四月廿六日台北的報紙刊出一則法新社的外電，報導瑞典的路德教會對於忠實同居的同性戀人士應該給予祝福。雖然根據聖經，婚姻是一男一女結合的制度，教會無法福證同性戀人士的婚姻，但也不同意「同性戀是違反自然」的觀念。

一九七四年四月廿八日台北各報刊載了北投區翠嶺路查名杰跟他的三位甥兒甥女以及一位女僕同遭殺害的慘劇。同年五月五日血案偵破，涉嫌的青年彭必成自殺未遂，殺人動機涉及錢財，他跟同樣二十五歲的查名杰之間男同性戀的情慾糾葛宛如青天霹靂，尤其驚世駭俗。從出事隔天到調查過程到同年八月廿八日報載兇嫌「於昨日被槍決」，這一則社會新聞在台灣各報綿延了四個月，有一陣子幾乎連續一個月每天都有新的發展見報。對於楊德昌、劉大任那一代印象鮮明的「牯嶺街少年殺人事件」我沒有躬逢其盛，查名杰與彭必成的男同性戀愛生死恨卻讓我這一輩的人深受震撼。在白色恐怖的報禁時代，報紙的頁數受到很大的限制，爲什麼家家報紙幾乎每天要用掉那麼多篇幅來渲染這個事件呢？或許是那年頭民風純樸，平常沒有多少新鮮故事可寫，難得遇上這種今古奇觀，敢不大力炒作？但也可能各報三不五時要不甘不願或半推半就地刊載一些配合國家政策以及對政治元首、軍事強人歌功頌德的文字，倘若國家不先把版面擠滿，黨、政、軍各方的人情稿更有理由趁虛而入……，看來，那時節媒體報導拳頭枕頭劫財劫色樂此不疲，或許是在消極抗拒官方說法呢！

社會街坊的父老們都自信滿滿地不會疑心異性戀的自我生出同性戀的兒子，卻又不免隔岸觀火地談論著男同性戀這種事沾不得（他們大概很難理解還有所謂的女同性戀！），否則輕則身敗名裂，重則惹來殺身之禍。奇怪的是，報紙社會新聞有關男女間的情殺喋血的頻率多過同性戀恩怨的十倍、百倍，好像從來沒有聽說過有誰質疑異性戀這種事害人害己、少碰為妙的。

台北的任何一家報紙給終沒有刊出查名杰的照片；卻都爭相揭露了彭必成的「眞面目」，從檔案照片到自殺獲救醫療時的半裸困境，到痊癒後出入法庭的新聞獵影，這位計程車司機俊美得有點不同凡響，我不免揣測那位北投高級住宅區的查名杰（私立中學董事長的兒子）在性偏好之外，或許還摻雜了美的追尋與沉迷。警方查出的犯罪動機與過程無論怎樣眞實（但願沒有刑求逼供！），恐怕任誰也難洞悉兩男間錯綜複雜的愛恨心路歷程吧！我自己從媒體報導感受到某種程度的階級鬥爭，俊美的男孩急於向布爾喬亞的男孩索錢（巨款）買輛計程車，有錢的男孩左拖右延，究竟是形同富裕嫖客玩弄男妓的伎倆？或是怕對方錢到手後就不聽使喚？這種愛情或性慾維繫的方式自然難以天長地久。不過，如果從一九八〇年代英國導演德瑞克．

賈曼的電影「浮世繪」來打量，兇手與死者非但同一年度，同樣二十五歲英年早逝，而且從往昔性愛交歡到日後喋血，兇手屢屢「進入」被害人「體內」，只是道具有別而已！比較傷感情的是，越到後來，彭必成頻頻哭訴對不起父親與妻子，始終沒有對查名杰以及那三位未成年甥輩，還有無辜的女僕表示歉意，彷彿要跟同性戀「陰影」畫清界限似的！

那個年代，誰又有資格責難彭必成呢？歐、美、日本掀起政治解放與性解放的熱潮，中國大陸與台灣卻像兩個各自封鎖著的鐵幕。連異性戀也受打壓，誰還會嚴肅而又開明地思考同性戀呢？一九七四年四月三十日報載台北有間「情人廟」中設有牛郎、織女、卓文君、司馬相如的蠟像，官方認為有違善良風俗，與寺廟傳統習俗不合，應予改善或加以取締。另外，中文橫排的書寫方式，胡適早在一九五〇年代就勸告蔣介石不要強迫大家由右向左，最好順其自然，少管為妙。可惜直到一九八〇年以後宋楚瑜擔任新聞局長期間，方才有了比較開明與人性的處理方式，從此電影海報、影片拷貝對白的中文字幕與片名、電視螢光幕上的中文字幕都可以從左往右書寫了，標示影片的出品年度也不妨用西元一九××年了。還有小學生與中學生的頭髮在一九七〇年代也是延續了一九四九年以來的軍人與囚犯般的制式管理與壓抑……，有時候，台北市的警察閒來無事，居然會夜襲新公園抓一票男同性戀囚禁起來充做「業績」！那眞是一段不堪回首的歲月啊！

一九七〇年代男同性戀能接觸到那些相關的訊息呢？

或者，經由那些途徑去對男同性戀以偏概全、隔靴搔癢呢？佛洛伊德的《性學三論》、《愛情心理學》（志文版）與艾里斯的《性心理學》（版本極多，我讀的是仙人掌版）的中譯本，以及《紅樓夢》與《聊齋誌異》裡的某些章節最具普遍性。沙特的《沙特小說選》（陳鼓應等譯，志文版）裡的〈一個領導人物的童年〉就有點玄了。白先勇的短篇小說〈青春〉與〈月夢〉都是一九六〇／六一年的作品，在一九七七年之前尚未結集為《寂寞的十七歲》一書，長篇巨構《孽子》還在醞釀之中；有些人是在讀了《台北人》（晨鐘版）裡的短篇〈滿天裡亮晶晶的星星〉後意猶未盡，從舊書攤挖寶買到過期的《現代文學》雜誌方才見識〈青春〉流連〈月夢〉的。歐陽子的《秋葉》（晨鐘版）則有〈最後一節課〉（關於青春、關於男同性戀）與〈近黃昏時〉（男孩的戀母情結），跟她的同學白先勇唱和呼應。林懷民的小說《安德烈·紀德的冬天》與《蟬》對男同性戀或是大量著墨，或是浮光掠影。宋澤萊的《紅樓舊事》（聯經版）則是知性共感性一色，同性戀與異性戀齊飛的青春華麗寫照的中篇小說。西方文學中，我們從英國／愛爾蘭的王爾德（譬如徐進夫譯的《格雷的畫像》，晨鐘版；或是《夜鶯與薔薇》這類愛與死的童話）、法國的紀德（譬如可能是竊印「陷」大陸的譯家的《浪子回家集》，大業版）依稀可以體會到男性肉體美的憧憬、同性友誼的陳倉暗渡。日本作家三島由紀夫小說的中譯本也在一九七〇年代此起彼落。

一九六〇年代中期《劇場》雜誌對於法國作家惹內（Jean Genet，那個時候的譯名是紀涅）以及美國地下電影

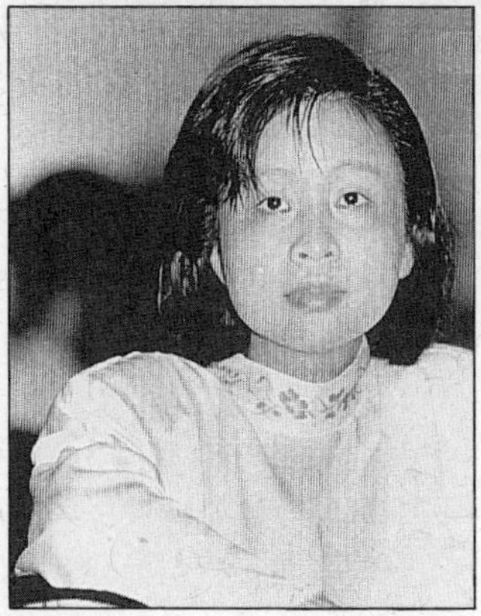

▶李昂的《人間世》小說集，思考了女同性戀問題。

導演坎尼斯・安格的點點滴滴都有所引介，這個刊物雖已絕版多年，傳抄、影印卻是大有人在。景翔翻譯了兩部被台灣官方禁映的男同性戀電影的相關文字，小說體的《午夜牛郎》以及《惘然記》（即《他媽的星期天》）的劇本。李昂的《人間世》小說集（大漢版）其中有篇〈莫春〉思考了女同性戀，而且相當傳神地刻畫了異性戀男孩無意跟同性做愛的理由——「他有的東西我也有！」我自己最服膺沙特的戲劇作品《沒有出口》（Huis clos），驚聲版淡江戲劇譯叢稱做《抄托戲劇選集》（與《無路可出》），在異性戀男、異性戀女、同性戀女三人間無論怎樣配對都有「地獄就是別人」的干擾或窺視。雷馬克的小說《凱旋門》則會告訴你：同性戀之間是互相可以聞得出來的！我是在一九八〇年代中後期才有緣見識到馬森的〈花與劍〉被別人搬上舞台演出的，據說文字劇本早在一九七〇年代就已寫成。光泰在報上連載〈逃避婚姻的人〉引起極大的回響，這是當時難得一見勇敢、誠懇而又包容的男同性戀題材，並有精神醫師、學者專家熱烈討論分析，這部作品一九七六年交由時報出版公司刊印。一九八〇年蘭黛夫人編譯了《尋愛的男孩》（陽春版），在心理學、社會學層面以外，也觸及了中國古代男同性戀的種種。光泰的小說是相當普羅大眾的，相形之下，蔣勳與奚淞就比較典雅了。他倆兼治文學與美術齊名的美譽盛事或許可以比擬為中國唐朝詩壇的元稹與白居易、現今台灣政壇的謝長廷與陳水扁呢！

那段期間，我並不知道法國的考克多、美國的田納西・威廉斯與楚門・卡波堤……的男同性戀傾向，糊裡糊塗對他們萬分感佩，因爲他們字裡行間對男同性戀有所包容、同情，甚至謳歌。電影市場在台灣受過幾次明顯的打擊，先是一九七〇年代的電視，然後是一九八〇年代前半段的錄影帶，以及一九八〇年代中後期的影碟與第四台。因爲有了三家電視台，於是舊電影不大有機會在電影院重映了，一九七〇年代我在電影院只看到了「慾望街車」（田納西・威廉斯的劇本，觸及男同性戀）與「第凡內早餐」（楚門・卡波堤的小說，涉及男妓），經由電視則捕到了「雙姝怨」（麗莉安・海兒曼的劇本，奧黛麗赫本與莎莉麥克琳徘徊在女同性戀的角色）。當時台灣的官方電影檢查對於同性戀是格「殺」勿論，非「剪」即「禁」。但也有漏網之魚，譬如「愛情我你她」（伊麗莎白泰勒與蘇珊娜玉的女同性戀曖昧）、「含羞的太陽」（一九六四年法國與西班牙出品，遲了十多年才來台灣，片中有梅蓮娜麥可麗與岸惠子的女同性戀，以及哈迪克魯格的男同性戀），以及「酒店」、肯・羅素的「樂聖柴可夫斯基」、「戀愛的女人」與「范倫鐵諾」等男同性戀的掃描。電影圈的流言是好萊塢樹大招風，同性戀素材不見容於台灣新聞局，歐洲片曲高和寡連電檢委員都看不懂反倒支離破碎過了關。

那個年代，台北的德國文化中心開始放映16mm影片，大多是德語聲帶、英文字幕，起初也被台灣官方檢／剪得不忍卒睹，後來或許量多得令台灣官方不勝厭煩，何況英文字幕又有幾人能看懂？所以法斯賓達的「瘟疫的使者」與雪朗多夫的「致命的一擊」第二度在台北德國文化中心放映時方才恢復本來的面貌——完整版！

▶席德進的殞逝標示了一個時代的結束。

男同性戀電影一九七〇年代在台灣不可直陳，只能偷渡。邱剛健編劇或是張徹導演的電影（大多香港出品）就在男性肉體美與男性友誼間大作文章。一九八〇年李力安導演的「明天只有我」（台灣出品，陳明、王誠主演）則被香港評家解讀出男同性戀暗盤！男性肉體美也非電影的專利，在台灣，林懷民／雲門舞集同樣別具慧眼，直到一九八二年才有游好彥的舞者來分庭抗禮。其實我更心儀馬森的〈花與劍〉（戲劇）以及一九八〇年代馮念慈與彭錦耀這些香港舞者帶來的觀念，徹底瓦解了男性、女性的兩極化，完全粉碎了同性戀、異性戀的二分法。

台灣官方禁忌的雙重標準是多方面的。一九七〇年代我從法文書刊讀到同性戀、政治忌諱等素材的機會遠多於英文、日文、媒體，而英文、日文又往往可以被允許一些不見容於中文刊物的論述。據說官方所持的理由是，能夠閱讀法文書報的人少之又少，影響力微乎其微，所以不那麼在意「毒素」流入。台灣官方在電影方面的種族歧視尤其可怕：有些黑人或非洲土著女性裸胸的鏡頭有時可以不剪不禁，官方的答覆竟然是只有華人與白種人裸體時比較容易引起本地觀眾的性慾……。

一九七〇年代並非可以全然抽離出來的，在這之前，一九六八年法國影星亞蘭德倫的保鏢猝死事件揭開了他的雙性戀經驗，一九六〇年代後期英國歌星米克傑格（「滾石」）與大衛鮑威常有雙性戀的傳聞。一九七〇年代席德進一些關於男性肉體美或裸男的繪畫在台灣男同性戀圈子裡神話般傳頌，而他一九八一年的殞逝或許標示了一個時代的結束。與我年紀相近，同樣經歷過一九七〇年代青春抑鬱歲月的江地發，一九八一年以「珍」的化名在媒體引起軒然大波，勇敢而任性地在台灣完成了變性手術（他原來是變性慾強的男孩，而非擁有兩性器官的陰陽人）。另一位跟我年歲相近的男歌星，一九八三年拍了裸照寫眞集，結果被官方（而非法律！）判定從此不准上電視節目作爲懲戒。當初藝文界對這本寫眞集有多位名流捧場叫好，後來卻沒有任何人替他向官方抗爭辯護。大家都知道書上那些陪襯的裸女是虛，眞正要展示的是青春的男體，從官方到社會，性別歧視與性偏好歧視由此可見一斑。一九七八年十二月廿四日男演員谷名倫跳樓自殺，當時傳出羅生門式的多種說法。其中一種是政治迫害，說是拍攝某部政策宣傳片使用了《毛（澤東）語錄》這本書（作爲道具），事後沒有交回官方卻留在谷名倫家因而惹禍，谷名倫被多次抓去疲勞審問。另一些說法就很累死人了；有人指責該片導演跟谷名倫有同性戀關係因愛生恨加以報復；有人爲了洗刷谷名倫的同性戀「污名」而強調谷名倫的女友常常夜宿谷家；更有人爲了證明谷名倫未婚女友的「清白」，則強調她與谷名倫分房而睡……。這實在像一九七〇年代美國官方與軍方保守派把嬉皮、反戰人士、長髮男孩一律說成男同性戀加以貶抑，反戰或反體制人士拍的某些電影揭發軍方醜聞黑幕，有時也會觸及某軍官同性戀「心理變態」的隱情以及跟一將功成萬骨枯的因果關係。反正，同性戀被雙方用來作爲打擊對手的武器了！

一九七〇年代我讀過符兆祥的短篇小說〈新南陽拆

了〉。「新南陽戲院」在台北市南陽街，鄰近一堆補習班，當年是二輪電影院，也就是說票價便宜得多，學生常去光顧。我唸高中時也去過一兩回，因爲負擔不起首輪電影院的票價。新南陽戲院跟新公園、馬德里餐廳（台北早期的一間gay bar）相距不遠，鼎足而三，堪稱一九七〇年代台北男同性戀的搖籃。新南陽戲院拆了以後，那些男孩子們轉往西門町紅樓戲院。「新」在世的時候，「紅」可「單純」得很啦，才不像日後那麼大紅大紫呢！我當時一派清教徒思想與守身（爲所愛的人）如玉的頑固，外加輕微夜盲，從來就沒有去過「馬德里」探險，更不願到新公園問津，免得被「輪暴失身」。試想，連我對男同性戀這麼感興趣的人都會這般奇想與扭曲，又怎能期待整個社會不戴有色眼鏡呢？

一九七一年維斯康堤的電影「魂斷威尼斯」面世。台灣禁映。一九七五年十一月二日義大利詩人／評論家／電影導演巴索里尼的屍體被人發現，被一位跟他初識而不斷做愛的少男活活打死。他的電影當時台灣全部禁映。那些年台灣報紙的社會新聞版有過這樣一則訊息：一位少男死了，一年後，他的朋友——另一位少男追思祭拜過後，在少男死的地方自殺了。我無意暗示他倆是否同性戀，也沒有多少人知道他倆的名字，卻讓我魂牽夢縈，刻骨銘心。謹以本文獻給這兩位男孩。

第三輯

從九〇看七〇(二)

——媒體英雄的年代

最後的浪漫主義者

／蔡源煌

探討一個現象或事件，最難處理的是關於人的部分。尤其是從今天的角度去回顧一九七〇年代的文壇，不論你面對的人是否健在或已作古，腦子裡第一個念頭是：話該怎麼說才不至於失敬。但是，站在求眞求是的立場，有些話快人快語，只圖有助於釐清事實，就請當事人海涵了。

愛爾蘭詩人葉慈曾把他那一代的人——從十九世紀末期過渡到二十世紀的一代——稱做是「最後的浪漫主義者」，意思是說，面對時局遷移，這些人（不論是詩人或革命家）心裡還懷抱著一股赤忱熱誠，認爲只要他們把自己的角色功能發揮得淋漓盡致，就能夠改造社會，而在愈來愈趨「現實」的社會中，還有這種衝動的人，謂之浪漫，眞是名副其實。多年來，「最後的浪漫主義者」這個封號，作爲一個恭維的稱謂，一直教我聯想到一九七〇年代台灣文壇的一些人。

既然我談的是一九七〇年代，就先將座標歸零，眞的從一九七〇年談起。這樣做有個好處，那就是可以將那個時候既有的外在客觀事實和後來由人爲主觀經營或發展出來的事實（或成就）加以分辨。無庸諱言，有些事是靠人經營出來的，如果事過境遷之後去看這些事，一概視爲歷史現象看待，則忽略了「人」的成分和色彩，變成只談事情而完全不涉及人的因素：這種提法名爲客觀、就事論事，實則倒果爲因，結果，當初實際上在創造歷史、寫歷史的人反而成了歷史轉輪下沒有自我、沒有主張的小齒輪。我寫這篇文章，若有什麼用意，也許是希望在歷史的「非人性」律動中找回一點「人」的成分吧。

什麼是一九七〇年代的一些外在客觀事實？既然是「事實」，我就簡單地指陳出來。一九七〇年，保釣運動在海外留學生當中展開，一九七一年保釣運動的浪潮波及台灣的知識圈，《大學雜誌》在台大體育館辦了一場關於民族主義的討論，參加的重量級人士有陳少廷、王文興、周道濟等人；一九七二年蔣經國就任行政院長……，和釣魚台事件同一年發生的大事則有退出聯合國，與日本斷交等等。

總之，一九七〇年代從開頭的幾年便在客觀環境的驅動下鼓舞著一股民族主義的風潮。弔詭的是那種民族主義始終是烙印在一個定義很模糊的「中國」概念之下；歷來（迄今依然），台灣一直設法使自身在地理上、文化上和「大陸中國」維繫著一條無形的臍帶，可是一涉及政治，則又不得不退居「復興基地台灣」，對於「大陸中國」的治權宣告僅止於各級學校教科書上那張內政部頒訂包括了外蒙古等三十五行省的「版圖」。所以，打從一開始，在台灣要張揚民族主義旗幟的人，除非是一心要回歸故土的大陸籍人士或是一廂情願的「統派」、「華夏沙文」分子，其他的人，若不是滿腔熱血，充滿浪漫和天眞，恐怕不容易一邊搖旗吶喊，一邊說服自己。談一九七〇年代台灣文壇的一些人，先從這樣一個弔詭的民族主義說起道理在此。

從客觀的環境轉到主觀人爲去推動的文壇大事，最引人注目的莫過於報導文學及鄉土論戰。直接切入到「人」的層面上，七〇年代在台灣倡導報導文學最力者當然非高信疆莫屬；至於鄉土論戰，且不管其他自認爲代表官方意見的人怎麼說，主張鄉土文學或現實主義的一方，精神上和實質上的導師則爲尉天驄和陳映真。

一九七〇年，高信疆接替桑品載出任「中國時報」副刊的主編，由於時報報系的資源及「人間副刊」的有利條件，高信疆從此成爲台灣文壇一時的風雲人物。當時，「人間副刊」上的海外專欄成了海外學人對國內傳布訊息的一座橋樑，以時報的資源，加上高信疆的「計畫編輯」方針，該專欄——甚至整個副刊——幾乎把當時海外學人網羅殆盡。經過五〇、六〇年代在文化思潮上的貧瘠之後，寫海外專欄、隨筆的作家等於是爲國內的讀者打開了一扇資訊窗。如果把七〇年代海外學人的觀念傳播當成是五四以來規模最顯著的「再啓蒙」，我想這個說法也不過分。相對於五〇到六〇年代《文星》叢刊或有關存在主義的介紹，七〇年代「人間副刊」海外頻道所傳播的訊息已經更明顯地向前跨了一大步。想想當時陳若曦的作品直呼毛澤東的名諱，而在「人間副刊」的版面上，它不管是以「×××」或「毛××」的迴避方式出現，在讀者來說，不僅耳目爲之一新，而且還感到有點刺激呢！唯一美中不足的是，也許是由於「但開風氣不爲師」的關係，許多「人間副刊」

的海外執筆者並沒有盡到闡揚新知的責任。當時，他們介紹的西方文化知識，往往還是在咀嚼五十年前的東西，所論列的文學家和文學理念也難得超乎現代主義時期的範圍。

高信疆把報導文學帶進副刊的領域，並非偶然。從《龍族》詩刊的立場可以看出，高信疆早已綻露出某種「民族主義的文化情懷」。他認爲，中國的作家應該有中國的特色，要寫就該寫自己土地上的東西。在我看來，這正是民族主義的文學觀。另一方面，報導文學之所以會成爲當時「人間副刊」計畫編輯的一項重點，和高信疆出身新聞系有關，而在同時期，美國紐約一些記者正在「流行」一種新的新聞寫作方式。號稱是New Journalism，實際上是一種報導文學的擴大，而「新新聞」之所以謂之「新」，事實上是在爲「主觀性」找到正當化的理由，因爲這種報導文學畢竟無法照一般新聞所要求的「客觀報導」去下筆。

因爲「報導文學」而與高信疆結緣的作家，如今在台灣文壇仍在生產（不一定是生產報導文學）而且頗負盛名的不在少數，我想不必一一列名。我想說的是，原來高信疆倡導報導文學的出發點，可能是要彰顯民族主義的文化情懷，是要樹立屬於台灣或中國的獨特的文學旗幟，結果卻由於報導文學以現實爲基礎的這個邏輯，連帶使台灣文壇行之有年的文學寫作方針爲之一變：寫大陸寫過去歷史的做法開始爲寫眼前寫台灣的新做法所取代。回歸鄉土，回歸現實是在這個背景下形成的。

談七〇年代所以會談「人」，是因爲：回顧七〇年代文壇大小事件，要剖析其意義或了解一個現象都不難，最難的還是追蹤人物私底下心裡頭的想法。一定有人會問：高信疆究竟想怎麼樣？我自己的印象是：他是一個民族主義者，就如前面談報導文學的緣起時提到的，他希望我們的作家能多寫些我們的東西。這想法又彷彿是對一些西化色彩較濃的作品有點隱約的不滿——的確是有。但話說回來，高信疆對他人的排斥性較不明顯，甚至沒有，至少比起七〇年代的其他人，高信疆的確是比較有度量的。至於說他可能不賣「西化」的帳，那也未必盡然；起碼海外專欄的作家嘴裡嚼的是洋經，而非土經，而且在報導文學的理念上，不說別的，高信疆是深受Tom Wolfe影響的。總之，在七〇年代很多人的心目中，民族主義只是一個很模糊、定義不清的概念，情感上的反應大於理性的反思。

本質上高信疆是一個浪漫而帶有幾分天眞的人（這句話是中性的評語）。假設沒有這種性情，他就不可能敞開自己的胸襟去集思廣益；他善於聆聽人家的意見，而且能夠消化，日積月累，也自有他博知廣聞的一面。他喜歡集天下之精英而「聆聽」之，加上時報「人間副刊」舵手這個身分，使很多人迫不及待要接近他。那種風雲際會的氣勢直教別的有強烈企圖心的人操心高信疆可能想要「王諸侯霸天下」。多年過後，往事已如鏡花水月過眼雲煙，那些恭維的話、譏誚的話都已經無傷大雅了。

鄉土論戰期間，高信疆登了不少陳映眞用筆名發表的評論文章；據了解，在鄉土論戰過後的秋後算帳過程中，高信疆因此而遭到國民黨的文藝指導委員的「糾正」，稍後

◀陳映眞是個爲自己的信念付出過很大代價的人。

曾離開「人間副刊」主編位子一段時間。

陳映眞在一九七七年鄉土論戰前一陣子才從外島回來。他是爲自己的信念付出過很大代價的人；他的言論，你信不信是一回事，但他說的、寫的，是他深信不疑的東西，你還能苛求他什麼呢？在七〇年代，陳映眞一貫的立場是以盧卡奇(Lukács)式的語氣批判現代主義的虛無、頹廢。

由於陳映眞的意識形態鮮明，鄉土論戰後期，主張鄉土、現實主義的一方，逐漸出現中國意識和台灣意識的決裂。前者以陳映眞爲主要發言人，而稍早具有中國意識的作家和文人曾以《夏潮》雜誌爲據點，記得鄉土論戰期間，該雜誌曾出一期封面的顏色與中共五星旗的顏色系列一模一樣，立刻遭警備總部查扣。後者（台灣意識）的首席發言人則爲葉石濤。到了八〇年代，鄉土派演變爲南轅北轍的態勢也非偶然。

鄉土論戰期間，正值黃春明、王禎和在遠景出版社印行之作品的暢銷期，所以他們兩人——尤其是黃春明——經常被自由聯想爲鄉土文學的典型。論戰期間，黃春明也經常受邀到大學校園（如淡江、政大）演講，至於爲什麼後來在論戰的過程愈演愈烈時他逐漸「淡出」，迄今我還不敢強作解人替他找個理由。這裡順便提一個小插曲：論戰期間，聯合報系的《中國論壇》雜誌曾辦了一場座談會，場面相當熱鬧，聯合報大樓的會議廳擠得水泄不通。席間，黃春明感性地說到作爲一個作家，對所有的人物都懷有感情，都想把他們寫下來，當時他舉原住民（當時根

▶一九七七年最先敲響鄉土、現實主義鐘聲的王拓。

本沒這個名詞，是叫山地同胞）爲例，大概是說，只要了解他們，就會有股衝動想把他們的生活寫進自己的小說裡。誰都沒預料到，當時會場上冒起了某位人士反駁（實際上是指責）他說：「大陸十億同胞你不關心，關心幾萬個幾千個山地同胞！」

一九七七年最先敲響鄉土、現實主義鐘聲的是王拓，這已經是衆所周知的事實。王拓當時在政大中文研究所就讀，師承尉天驄，至於王拓當時所援用的資料，是否爲尉天驄所提供、是否爲七〇年代新出爐的資料，不得而知。我只知道，論戰前，尉天驄曾紮紮實實地批評了歐陽子、白先勇的小說，而且不難看出尉天驄的論調與早幾年關傑明和後來唐文標（唐文標曾主張「台北學派」，那才浪漫呢！）批評台灣現代詩的說法，可說是一脈相承。論戰期間，尉天驄被指爲提倡「工農兵文學」，情勢所逼連他的親人任卓宣（葉青）也出來爲他緩頰、請命，說鄉土文學是三民主義的文學，企圖以這一頂更大的帽子換掉別人扣給他的那一頂帽子。

這幾年，尉天驄一直保持緘默。每次有研究生寫有關鄉土論戰的論文，我就建議不妨去訪問尉天驄，談談當時的動機和論戰始末，請他以口述歷史的方式爲這個歷史公案留下一點私人見證。但天曉得，事隔十多年之後，歲月即使不改變人，起碼人自己的心態（心境）也會變，恐怕他都不想談它了。

有時候懷舊是一種病態。懷別人的私舊，更顯得唐突！「人間副刊」要求我回顧七〇年代文壇的人與事，勉強寫了這一篇文章，一路寫下來，腦子裡老浮現著「水流雲在；月到風來」的意象，七〇年代已經是舊事，說罷就算了！

▶南北高速公路的開通是七〇年代的大事。

假面的告白

七〇年代的國家機器、傳播媒體

／敦誠

一九七五年，台灣的報紙增加了張數，從一九五八年的兩大張，一舉多了四個版面而成爲三大張。

這一個小小的動作，如果不仔細再作深究，或許也看不出什麼門道。但表面上平淡無奇的增張，其實可以看做一個象徵，牽扯出國家機器與新聞媒體及傳播環境的大關係。是誰准許增張？誰又得到最大的好處？這就跟一九八八年的報禁全面解除一樣，需要政府出面宣布報紙政策，而現存的優勢媒體則從中占到了最多的便宜。一九七八年「民生報」與「工商時報」相繼創刊，報團的雛形已然出現，而主要報紙的負責人也都在次年首度成爲重要的政黨核心人物之一。

一九七八年全線通車的高速公路，雖然著眼於交通建設，但其實對於本地報紙的市場，應該也有相當大程度的影響。在還只有台鐵與省道的日子，跑一趟台北市到高雄市，需要的時間總在七、八小時，總社在台北的報紙，相對來說，比較沒有能力與當地的報紙競爭南部的市場，因爲北報南運以後，已經日上三竿，還讓誰去看？加拿大的因尼斯(Harold Innis)說交通運輸是帝國的延伸，一點也沒錯，高速公路是襄助大報往外發展的利器，十年之後電

◀七〇年代的「奇情」電影。

信局舖設的光纖網路，只是當年辦報助力的延伸。

相對於報紙，國家機器與電子媒體的興衰與節目內容的關係，更是巨大。

先是電影的由盛而衰。一九六〇年代末期至一九七〇年代初期，台灣的電影事業最爲風光，每年出廠三百餘部，據說僅次於日本和印度，在香港與東南亞華僑市場，擁有大量觀衆。但就在這個期間，退出聯合國、與日本斷交等等對外關係的挫敗，使得原本製片空間的意識形態箝制，更加一層，與此同時，香港作爲一個地域性影片輸出重心的地位，卻在這個節骨眼，挾著邵氏影城的建立而趨向以更爲圓熟的商業手法拍片，兼且沒有政治上的束縛，趁虛而入，從李小龍的功夫電影而掀起的旋風，直到繼之出現的「香港新電影」（一九七八），一步一步慢慢地抹去了台灣電影的角色。國府在一九七三與七九年兩度修訂獎勵優良國語片辦法，都沒有能夠挽回已經失去的優勢；不必等到新媒體，如影帶影碟、第四台的出現與「普及」，本地政策的無力，先行宣告了電影的走入末路。啓用於一九七九年元月的電影事業基金會的電影圖書館，立意良好，但所得到的經費不足以支應它原本可以發揮的角色，這也好比是國家機器「爲德不卒」，在優柔寡斷之間，斷送了改良電影環境的契機。

再來是電視。在黨等於國家等於電視的年代，沒有人會管電視的營運是不是於法有據，事實上，國家機器第一次大規模注意到電視的問題，還是因爲政權抵不住商權，立法委員會按捺不住，才在一九七〇年六月連續三次針對電視節目，批評它太過重視娛樂、靡靡之音太多而水準低劣有礙文化水準的提振云云。有批評也就稍有收斂，但最晚到了一九七二年二月二十一日，已有台灣日報刊載，由於電視停止播放日本摔角節目，「閉路電視正大發利市」，而它受歡迎的程度甚至讓報紙在未及一個月之內，已用標題大刺刺表示「財局欲課稅，警局要取締」。但埋怨歸埋怨，官僚的作業還是緩慢如蝸牛，沒有人眞正試圖探尋解決問題的方案。到了一九七五年，也就是台灣有了無線電視這個事實的十三年以後，現今的廣播電視法才立法完成並於次年公告施行。於法有據之後，新聞局的眼睛也就越放越亮，需要的時候就毫不客氣地責成三家電視台配合國家政策，播出宣導或是威嚇性的節目。一九七六年元月，三台開始了「聯播時代」節目，其內容類型與我們現今看到的國際瞭望、時事論壇或文藝風光等所謂公視的節目，本質上並沒有太大的差異，這樣的聯播作業，每天晚間九時至九時三十分，前後達八年五個月，其中最有名、最具有政治教化與恐嚇意味的聯播電視劇，應該是反共影片「寒流」，一九七九年三月，國府在第三度放演該劇的時候，除了使用國語以外，爲了教化與宣傳效果的達成，甚至特別另外使用了閩南語及客語。這些硬板板的政教節目，自然不是電視內容的全部，但軟調的影劇同樣可以達成大中華與傳統文化之形象的維持，等於是從另一個方向強化政治的穩固，其間最知名的一齣連續劇也許是儀銘主演而蔣光超主唱的「包青天」，直到現在都還成爲華視大敗台視與中視八點檔的強打。

也許正是在這種節目爛，但民衆又需要電視作爲最便宜之娛樂方式的情況，現時已然氾濫成災的第四台開始有了存在的空間。最遲在一九七九年初，報紙上已經刊載了這樣的新聞：「基隆、瑞芳……乃至台南、新竹相繼出現有線電視，年付一千。」也是同一年，政府頒布了社區共同天線電視設備設立辦法。今年七月十六日通過的有線電視法，引發爭議的規範之一正是政黨能不能經營有線系統，國府當年經營無線電視，全憑壟斷作爲賺錢與控制的張本，卻種下了第四台興起的原因，大概是執政黨始料未及的罷？眞是早知今日，何必當初。

一九七〇年代的國家機器勢力，雖然籠罩住了當時的新聞傳播環境，但它並不能夠鎮壓全部，控制永遠難以密不透風。政論雜誌是一個風口。《大學雜誌》還算是在執政黨的掌握之中，但一九七五年及次年創刊的《台灣政論》與《夏潮》，一直演變到《美麗島》的全省發行而後釀成政治事件的爆發，顯露了文鬥輸場的國家文宣媒介，必然將會搬出赤裸裸的武力，強行鎮壓。社區周刊是另外一個風口，但還沒有來得及形成氣候之前，先已夭折。一九七四年，《美濃周刊》創刊（發行八期後停刊，二年後重新發行），自此以後許多地方也出現了這類型的周報，到了一九七〇年代末期，社區刊物「發達」的程度，甚至引發了新聞局的非分之想，打算自行創辦社區報紙「作爲溝通政府與民衆的橋樑」。見縫插針，沒有是省油燈的國家機器，壓不扁的玫瑰，總是存在著有決心且兼有微薄物力的人群，硬是往上挺。

一九七〇年代的台灣，傳播環境非常的單純，電視電影以外，也就只有報紙與雜誌，地下跑的第四台還在努力往上鑽，天上飛的衛星電波還沒有下降到人間；當時的社會建制，主宰媒體的方式，是直接而赤裸裸的，文工會下令新聞局揷手，這個播那個不能播，這個刊登那個不能登，進廠將還在裝訂、甚至印刷的雜誌整個搬走，管它法律規定印刷品是事後的審查。在這種社會形構下，建制權勢單位對於媒體的操縱，必定讓受到控制的人感到渾身不自在，根本談不上讓他們主動同意、參與這樣的控制過程，因此這些建制單位也就沒有文化媒體的霸權可言。時至今日，社會條件經由少量的變，日積月累，很可能即將要達到質變的臨界點。報紙家數增加、張數可以高達十張以上，雜誌五花八門，除了少數非常高階層的人事，言論幾乎是了無禁忌，影視頻道多達數十個，多到讓許多人目不暇給之餘，慷慨禮讚多就是美，而不可能是浪費之詞，於是主動掏錢大加消費。這些，也許就是消費社會折損人心於無形，人們心悅誠服而共造霸權管理自身的時代，已經在掌聲中揭開了序幕？

▶六〇年代末的紅葉少棒是一則傳奇。

燃燒，少棒！

／瘦菊子

七〇年代的台灣如果沒有少棒，會多麼寂寞。它解脫了那個時代的空乏和苦悶，帶來生氣與希望，也帶來悲歌和貪婪。但在時光流逝的沖刷下，所有意義與象徵的指涉統統暗淡了。少棒成了一個時代的標竿；走過七〇年代的人，聊起許金木、鄭百勝、陳昭安等等名字和故事，如果沒有口沫橫飛、七嘴八舌，甚至連一聲嘆息都沒有的人，肯定白走了一遭七〇年代。

一

六〇年代末的紅葉少棒是一則傳奇，像部長篇小說的楔子，充滿神話和寓言色彩；只一年的時間，台灣少棒就快速走上「民族英雄」的不歸路。一九六九年金龍少棒獲得台灣第一次世界少棒冠軍，也開啓了「民族英雄夢」的第一章。但誰也沒想到隔年就唱了悲歌，這是在七〇年代的第一年，一九七〇年，屬於七虎的淚水。

載著「全中華民族」聲譽於一身的七虎少棒隊，在一九七〇年八月廿六日凌晨兩點（台灣時間）出戰尼加拉瓜，七虎以二比三輸了，剋星尼加拉瓜左投手巴茲三振七虎十三次的身姿如今早已模糊，但輸球後的七虎隊滿面淚水的

◀巨人少棒奪得世界少棒冠軍，被譽為「莊敬自強，處變不驚」的盛事。

景象，卻清晰如昨；那一天清晨的嘉義市街，好像沒有人睡得著，沒完沒了地談著比賽中的任何一個細節，還有人不斷砸酒瓶，甚至砸了新買的黑白電視機。不止七虎教練吳敏添說「對不起國人」，所有嘉義人都覺得「對不起」一千三百萬同胞。

七虎隊懷著悲愴的心情回台，當時的行政院副院長蔣經國冒著傾盆大雨去接機，還為游擊手李宗洲撐傘，他說：「辛苦了！」還問小國手：「在美國玩得好不好？」「結交了幾個新朋友？」但，這些話都無法成為台灣少棒運動的精髓，沒有人認為打少棒是孩子玩的，是為了交朋友的，一切只有「冠軍」！隔年的巨人隊出征就成了「復仇記」。

巨人隊也遇上了剋星，美北隊的超級大投手麥克林登，能投能打，決賽第一局下半就擊出三分全壘打，隔著太平洋的台灣，一時之間比過颱風夜還緊張，恨不得這姓「麥」的大猩猩馬上消失。好在，完全照當時報紙的標題所說的，巨人「莊敬自強，處變不驚」，第四局上追成三比三平手，一直延長到第九局，美北隊捕手畢斯摩成了巨人隊的「恩人」，再三漏接麥克林登的快速直球和外角球，姓麥的心情開始浮躁起來，巨人以觸擊短打進壘，攻下一分後滿壘，姓「麥」的終於走出投手丘，電視機外的「全國同胞」齊聲慶賀，巨人最後以十二比三大勝美北，奪得冠軍。

這場比賽緊張刺激不下於任何職棒賽，兩隊鬥志鬥力且鬥智，過程精彩無比，堪稱少棒賽之經典，若中視願重播，保證收視率打敗「包青天」。這場比賽同時塑造了第一位少棒的「民族英雄」——許金木（外號「兩齒仔」），從此，街頭巷尾、操場草地打棒球的投手，都號稱自己是「兩齒仔」。不論現在工廠擔任領班的許金木，怎樣不沾棒球，不提一句往事，但許金木已經不是「許金木」了，這個名字永遠鑄進時代的大寫碑石中，成爲人們無法抹滅的共同記憶。

2

自日據時代以降，南台灣的棒球實力就凌駕於北台灣；七〇年代少棒也不例外，當時說，得了南部七縣市冠軍等於拿了全國冠軍，奪得遠東區代表權就等於世界冠軍。唯一創造一次「意外」的是北市少棒隊，全隊沒有「魔手」、「大砲」，光出一位「明星」——「鬼才教練」林信彰打下江山。他的功勞不僅在延續少棒霸業，更重要的是，他以戰術帶少棒打球，在少棒史上風格突出，爲北台灣少棒留下獨特的一頁。

一九七三年第二代巨人隊以超級強隊的威力，席捲全國、遠東、美國，並且大演「創記錄秀」，在該年世界少棒賽中締造了十項新記錄，平了四項記錄，鄭百勝尤其光芒萬丈，單場個人五支安打創新記錄，單場兩支全壘打打平了原記錄。那時我們雖然聽過「全壘打王」王貞治的名號，但從鄭百勝身上才眞正看到什麼叫「全壘打王」。

之後的少棒賽是否得冠軍已經沒有人操心了，破比賽記錄反倒是一項樂趣。一九七四年立德少棒在第廿八屆世界少棒賽的三場比賽中，攻下三十九分，安打三十六支（含十支全壘打），打擊率四成三，林文祥和高順德共三振對方三十六次，只被擊出四支安打，在對美西時被得到的一分，也是全部賽程僅有的失分。很多人都記得，我們在電視轉播裡看到那些金髮紅撲著小臉蛋的美國隊投手，身材迷你而且可愛極了，但他們都被中華隊打得滿臉淚水，禁不住產生憐憫之心，我們都會想「贏得太多了點」，何況是在場的美國家長和電視機旁的天下父母心，那不僅是憐憫而已，看自己的孩子和子弟兵被中華少棒打得落花流水的慘狀，毋寧是種殘酷的煎熬。

一九七五年美國少棒聯盟採「閉關政策」，只讓美國四區代表隊參加所謂「世界少棒錦標賽」的心態，是非常可以理解的；誰願意自己花錢辦的「少棒育樂營」，反而讓自己的孩子去體驗「魔鬼營」（永遠承擔必輸的陰影與恐懼中）的歷程。

3

美國雖然於隔年又重新開放其他地區代表隊參賽的制度，台灣少棒熱也經過這樣一年的冷卻後降溫了，人民狂迷的情景在五、六年來的熾熱發燒之後，呈現趨疲狀；由大人主導的後援會在無利可圖的情形下，紛紛解散，且好手過度集中某些棒球名校，實力差距愈來愈懸殊，組隊意願低落，全台少棒數產生了大滑坡，競爭性無法擴散，吸引力自然下跌。半個時代累積下來的廣大球迷轉向青少棒及青棒的「南北雙雄」美和與華興的對抗，而「南北雙雄」長達五年的抗衡，基本上是延續金龍、七虎、巨人的少棒狂潮，才使整個七〇年代的棒球熱整整燃燒了十年。

也由於美國少棒聯盟的「閉關政策」，使高雄鼓山少棒隊成爲獲得全國冠軍與遠東區代表權，而唯一無法「留美」的中華少棒隊。次年（一九七六年）榮工隊在遠東區就被韓、日打敗。榮工隊是繼北市少棒隊後，在七〇年代第二支非南部七縣市的隊伍，而獲得中華少棒代表權的少棒隊，但未能得到遠東區代表權，使少棒史冊上的北市少棒隊顯得格外的孤單。

隨日、韓日益重視遠東區少棒選拔賽，實力逐年提升，中華少棒隊受到的挑戰更加嚴苛，中日韓三強鼎立的局勢，主宰著亞洲少棒的重心，遠東區代表權的爭霸戰競爭激烈。曾被台灣媒體嘲弄是「輸輸去」的日本調布隊教練鈴木秀俊，所調教的少棒隊也一年比一年強，一九七六年打敗榮工；一九七七年第二代立德少棒，在以一分落後到最後第六局，才靠洪志雄一支三分全壘打，以四比一打敗日本東京隊；一九七八年，屏光少棒同樣艱困地以五比四擊退日本和歌山少棒的威脅。

七〇年代的最後一年，一九七九年，嘉義朴子少棒隊以完美的記錄，寫下台灣少棒於七〇年代的驚奇句點。朴子首先打破中日韓三強鼎立的預言，對韓、日都以十比〇大勝，是七〇年代後半唯一的超級中華少棒代表隊。進軍美國又誕生了一位繼許金木、林文祥之後的明星投手—陳昭安；第二仗對歐洲隊主投時，陳昭安和捕手張正憲配合得天衣無縫，六局十八名打者，全部被陳昭安三振出局，是一場標準的「美好比賽」(Perfect Game)零缺點，打破一九五五年美東投手法蘭斯的十七次三振的記錄，達到一名投手最極致的表演。或許你認爲一場育樂營式的比賽，這樣的成績應不光彩，但您想，一支職棒隊對一支少棒隊要創下全部三振的記錄，都難上加難，何況是一位十一、二歲的小投手所創的記錄，簡直已成了天書。這年，朴子苦戰八局才以二比一險勝美西，才翻完七〇年代台灣少棒最後、也挺輝煌、精彩的底頁。

4

隔著十幾廿年再來看這些往事，常宛若隔世一般令人怔忡，特別在今天職棒運動又掀起台灣棒球熱的另一次復興時，都每每浮現當年少棒狂潮的景象。以龍象大戰的盛況爲例，兄弟教練江仲豪，是當年敗給七虎隊的台中金龍隊的一員；徐生明是台南巨人隊的投手，如今是龍隊總教練，象隊「棒球先生」李居明是他的隊友；裁判李柏河是一九七二年北市少棒隊的成員；象隊王牌投手陳義信是花蓮榮工少棒的主投兼四棒強打；龍隊「亞洲巨砲」呂明賜是第二代立德的捕手……。彷彿七〇年代的少棒熱從來就沒有被時空遺忘一樣，明燒暗燃地度過十幾年的光陰，直到九〇年代初，它不僅沒有熄滅過，而且熱熱烈烈地壯闊下去，無限的燃燒！

安靜，且小於六十四開

／劉克襄

我們現在要敘述的，大致是一個三毛從撒哈拉沙漠回來，胡榮華仍在中央山脈攀登，國民旅遊還未開始，自助旅行也尚未啓蒙的年代。

你無法確切地形容它是什麼樣，也很難說出它又不是這麼樣。你只是感覺，正面對著一個慢慢地隨經濟起飛而龐雜起來的議題。因此，如果要知道它是什麼，若從一些當時出版的旅行指南解讀，可能比進入七〇年代旅行的文本，更容易一些。

問題是從那些旅行指南開始呢？我選擇從兩種最常被旅者攜帶使用的談起。

首先，我必須提醒各位讀者，當時的出版商還無法大量製作，像今天一樣普及的旅行手冊，讓你走進全省各地任何一家便利商店，都可買到相關地區的旅遊叢書，替你設計路上的種種行程，把你服侍地好好的。

當時旅客能買到的，據說最普遍被國人所使用的一種，書前總會集中放有一些印刷不甚精美的彩照，後面則是黑白照片與文字的簡單敍述。

以六〇年代的小手冊旅行七〇年代

這種類型旅行指南和今天的不同之處，不止在實用和印刷的品質。編輯觀念的差異更值得注意，因爲它還延續著早年旅行指南的傳統，起頭仍會開宗明義地再次敍述台灣的地理、氣候、歷史和經濟等簡介，然後，才是各縣市名勝觀光，以及各地的交通路線圖。

這種類型也非七〇年代的特色，六〇年代早已有之，後繼者蕭規曹隨，不進反退。由此可見，七〇年代提供的是多麼糟糕的旅行環境。

到了一九七九年，我從文化學院畢業，想要從事個人的全島之旅時，所能買到的中文版本的最好的旅行指南，就是這種仍無法實用的旅行叢書，帶了嫌麻煩，不帶又害怕問道於盲。後來，只好藉助六〇年代，一本十五元，比六十四開還小的手冊型的台灣公路旅行指南。我記得這種小本的，當時台北的公車票亭都有販售，那時也已有各縣市鄉鎮的地圖，跟今天的票亭並沒有兩樣。

此外，這種小本的雖然沒有彩照，也無法告訴我們到了那裡有那家餐廳、旅社，或有那些風物、特產，但至少，每一個鄉鎮的公車路線都詳細列明了。

小本宣告壽終正寢的七〇年代末，正是國人旅遊意識興起，也開始有錢可以遠行消費的時候。更重要的是，有一條高速公路通車了。高速公路的出現也帶來旅行質與量的雙重巨變。可惜，中文的旅行指南來不及配合這股需求。它遲了一點，八〇年代初，戶外出版社系列的旅遊叢書，

▶七〇年代日本旅行台灣的指南。

如「台灣旅遊最佳去處」等有編輯策畫性的指南逐一出現時，才解決了這個缺乏旅行指南的沙漠時代。

另一種旅行指南，國人可能比較陌生，數量卻頗多，且是當時品質最好的指南。它們是日文版的台灣觀光叢書，主要消費對象自是日本觀光客。此時，雖然外國人前來台灣觀光的熱潮已經不再，日本觀光客的數量也從六〇年代末的高峰摔跌，但它仍是七〇年代台灣的主要觀光團體。

日文版的旅行指南，編排往往較中文版的細膩翔實，印刷之精美也遠超出供給國人的品質。它不僅涵蓋了中文版的內容，猶具意義的是，這是針對日本觀光客的需求所設計的台灣旅行案內。有些指南的內容就局部擴大了它想告知的地區，最常見的就是諸如北投、中山北路等消費地區的文字著墨，就遠比其他名勝地多了些。附帶的說，這種指南也反映出日本觀光客對當時台灣的總體印象。

有趣的是許多父執輩旅行時，也使用這種日文旅行指南。當時日文旅行指南形式特殊的亦不在少數，我即蒐集過一些頗具特色的叢書。手頭即有一本專門提供給愛洗溫泉的扶桑客，書的內容專講如何搭火車在台灣的溫泉地區觀光。還有一本是專門介紹台灣的藝品店。台北那一家藝品店賣的什麼古董，只要翻查這樣的一本指南，旅者都能瞭若指掌。

八〇年代，日文的觀光指南印刷雖然更加精美，但這種專門性的日文旅行反而看不到了，因爲日本觀光客人數銳減，就這麼簡單。不過，這是全球結構性轉變的影響。

交通的愈益便利，經濟的更加繁榮，讓日本國民更容易前往世界各地，而不再停滯於東南亞地區，轉而讓他國人士接手。這些他國人士，就是你我這類在國外被視爲全地球有史以來品質最壞的旅行者。

但這是八〇年代的事，那時的旅行像國慶假日，火樹銀花，繽紛得很，是有興趣觀光學的人最愛的場域。我們還是回到安靜的，小於六十四開的七〇年代吧。

舊景觀喪失成爲記述的符號

不談七〇年代旅行文本的論述，光是從這些旅行指南的內容，我們就看到了，這是一個前不扒村、後不著店的時期。嚴格說來，若不是這個題目，我會把七〇年代的旅行分成前後兩期。前期是一個茫然接續著六〇年代，閉鎖在一個固定的航道裡運轉，後期則好像被放逐到外太空的茫茫星海浮沉，不知道如何旅行。

七〇年代基本上就是在一個這樣先緊後鬆的旅行氛圍裡，呈現一種尷尬的過渡型的旅行性格。這種性格說來十分抽象，迄今，我還未在任何文化研究的議題中，找到這個階段的具體答案。倒是一些作家在他們懵懂的遊記裡，無心地把這個有趣的現象給投射了，什麼現象呢？他們筆下的地區不再是台灣本島。

這個現象必須從上一個年代初注意起。六〇年代初，在出國困難的條件下，我們還能拜讀到一些描述在台灣各地旅行的文章，諸如鄧文儀、伍稼青、朱介凡等都常有遊記發表。七〇年代初時，還能偶爾看見，但那已是不堪了了，六〇年代的餘緒。

到了七〇年代中期，島上各地的舊景觀就逐漸喪失作爲名勝地所值得記述的符號。六福村、翡翠灣、鳳凰谷、杉林溪等新興風景地標，都是在這種窘境裡逐漸於八〇年代動工完成。這種本地景觀的同質化，彷若消失般，而新類型的景觀遊憩區也還未能全面取代，功能更遭質疑下，無疑是有關本島遊記文章或報導銳減的主因。

我們看到的是另一種旅行作品。以國外風物爲主題的遊記文章，變成當時的主流。留學出國的作家，以及海外學人遂成爲遊記的主要作者。當時，我們爲何會常讀到余光中的旅美文章，或漢寶德的歐遊心影，或三毛的撒哈拉故事等類型的遊記，似乎也可以從這個角度去理解。

說到此，我們也不得不提到報導文學跟當時旅行的曖昧關係。報導文學的採訪，一直有很大成份的旅遊行爲在裡面，像當時的一些報導文學健將如古蒙仁、李利國、金惟純等人所做的報導，除了報導的對象，無疑也進行一種新型的旅行之實踐。

這便牽涉到了剛才所說的，舊景觀的「消失」。這其中有一個原因，在於過去的遊記報導無法滿足當時的創作者，因而尋求一種新的主題去替代。但當時的報導者，明顯地較少注意到這個問題本質存在的意義，這或許和讀者最想知道的是被報導對象的故事，而不是採訪者有關吧。於是，採訪者也失去了面對自己的機會，去進行一場旅行或觀光的顚覆。

當時一份傑出的報導文學刊物，《漢聲》雜誌，倒是發現了另一個和前述主題不搭軋，卻也十分重要的議題。一九七九年末，當我攜帶著六〇年代像流行歌本大小的旅行指南，前往台灣各地旅行回來時，這份帶有十足理想色彩的雜誌，巧合地做了一個上下兩期的「國民旅遊」專輯，迎接八〇年代。

現在，再翻讀當時這個專題展現的內容，譬如「到太平山去」、「我們的野生動物」、「我們的森林」、「我們的河流」等專題，以今薄古，當然會看到一些幼稚、浪漫的感性聲音，窄化了旅行的意義。

可是，這些都是後來繼續發生於下一個年代的重要事件。無可置疑的，我們也同時讀到了這本雜誌的前瞻性，預先看到了國民旅遊時代到來時，一些可能會發生在台灣的不快樂的事。

▶「寂靜的春天」是最早、最大規模進口的環保。

從膚淺閃爍到流行庸俗

／楊憲宏

台灣靠出口起家，一切為外銷的時代，以一千多萬人服務人口十倍於自己的市場，曾經在六、七〇年代創下連續一百六十個月的兩位數經濟成長率。這個時代，台灣人的腦子裡到底在想什麼？賺美元、移民、逃稅、送紅包，台灣是個不值得安家長住之地，長期戒嚴之後，台灣社會成了眾人租屋暫住之地，很少人把這個海島當個家。

七〇年代的表層的確浮起著台灣人最貪婪、不負責任的眾生相，戒嚴體制壓榨著每個人，頂上的人壓榨著屬下的人，被欺凌的人轉而去剝削那些比他們更加弱勢的人，一個典型的弱者互相加害的社會形態，使每個人心中都蒙著陰影。七〇年代台灣山水的破壞就在這種局面下，毫無生機，也得不到什麼同情心。

台灣在出口導向經濟上賺到了錢之後，開始有消費能力進口外國貨的時候，這種局面才有機會得以翻身。污染是進口的，環保其實也是進口的，而後來的運動抗爭更是整「場」輸入。

進口的環保，最早、最大規模的記錄應是《寂靜的春天》在「中央副刊」的翻譯連載，這本出版於一九六二年的書本，到七〇年代才在台灣出現，但在這時候，這部作品並沒有對當時的台灣社會產生實質的影響。雖然，政府也跟隨著當時的潮流，在美國宣布禁用DDT之後，台灣跟進，諷刺的是台灣生態環境的惡化也在這個時代持續擴大。

《寂靜的春天》的警告，成了台灣後來生態環境預告。這是可以想像的，一群連自己的自由、前途都充滿著疑惑的人，他們如何能體會身邊的花草鳥獸，甚至河流山林的可貴？而「一個人若連人權都保不住，環境權、動物權更不可能有希望。」成了這個年代，多數人說服自己不必努力的招牌理由。

一些作家拿自然的題材所寫的關懷土地作品，成了一種文學的形式，對環境的情感，其實是來自一種進口的、罐頭的、不生根的、沒有運動意識的知識媒介在流傳。

當一九七〇年初聯合國在斯德哥爾摩發表「只有一個地球」的宣言時，台灣社會缺席；一九七〇年至一九八〇年，美國環保草根運動及知識界、政府聯手反省環保問題時，台灣社會只注意到美國嬉皮、裸奔及其他服裝不整的問題；即使美國熱門音樂成了台灣青少年的流行的時代，台灣社會也只聽到旋律而聽不到歌詞中的社會抗議意識。

台灣的核能電廠就在這段期間，沒有受到足夠質疑，而一而二而三的偷跑了。當年的政府官員的心態是必須在反核聲音成形之前，就趕著建完所有核電廠。一九七八年，美國三哩島核電廠出事之後，台灣記者稍微多關心這個事件，就可能被標色為「反核」。「反核」本來就與「擁核」都屬意見的表達，卻成了當時媒體監視及新聞檢查的項

▶（左圖）環保運動裡展現了強勁的民間社會力。

▶（右圖）七〇年代人民尚未意識污染的嚴重性。

目。

雖然「反核」這個環保運動的課題在七〇年代具有高度的政治敏感，一般而言，環保的新聞傳播，在這段戒嚴時代，比起其他運動如農民、勞工或學生運動，受到較多的寬容。當時一些傳播人士在私下討論這種情況時，曾經有種錯覺，認爲「環保不具政治敏感性」。這種錯覺或許也有其眞實的一面，環保從議題討論到蔚成運動的過程，這種錯覺或許也扮演了一些「解除過敏」的功用，使環保的討論及新聞處理不至於在萌芽之初就遭流產之運。

或許是因爲環境污染沒有分貧富貴賤只要有污染就人人受害，所以社區內即使是存在著社會階級差異，遇到污染問題時，經常不同階級者可以站在同一陣線，把焦點集中在「污染者——受害者」之對抗，打破原有之階級意識。

在這段環保運動起始期間中，發生過相當多次，這種不同階級意識聯合對抗污染源的社會力重新洗牌的情節，甚至在理論上，應屬官商相護，警察不應與圍廠群衆站在一起的慣性也被打破，主要原因並非這些警察具有伸張正義的俠義精神，而是警察或情治人員亦是污染區內居民，他們也是污染工廠之受害人。

這種肉體直接受害的感受，常使許多人原有之「訓練及制約」發生動搖。在後來幾個環保圍廠抗爭的案例（八〇年代）中，甚至出現警察及情治人員暗助群衆行動的情況。

這些草根互動的基本動力，都是來自求生存的意志力結盟，一些讀了書，看過日本、美國學運、社運的人們，開始把形式及架構輸入台灣，可是在這些形式及架構下所潛藏的理念及腦力則常常付諸闕如。許多環保運動世俗化之後成了「圍廠——拿錢」的脫序社區戰鬥，其實與這種平行移植的生吞活剝有關。

七〇年代的台灣環保是十分膚淺，也十分閃爍的社會學習過程。可是即使是膚淺，即使是曖昧，也已爲台灣的土地感、本體感加注了一些血色。環保運動的現場性質，對於新生代視台灣爲不可取代的家，具有十分重要的教育學習啓示意義。在台灣國民強迫教育的課程中，台灣從來不是主要的焦點，「台灣」甚至在內政部的社團登記上，至今屬於一種禁忌，如此惡劣的情況下，要公民熱愛台灣，熱愛台灣所代表的土地「母情」，進而爲其環境請命，眞是困難的過程。環保七〇年代的膚淺與閃爍已逐漸蛻變成，八〇年代的流行、庸俗、工具化。台灣環保前途實在充滿著陰影與悲觀。

▶七〇年代出獄後，陳映眞的言論依舊吸引許多知識分子的注意。

執著與叛逆的味道

／郭力昕

嚴格地說，我恐怕沒有資格自稱爲「七〇年代人」。在這個年代的頭幾年，我還是個懵懂孤陋的中學生；接下來的青春，又先後在台中大度山那座不食人間煙火的寧靜校園和灰頭土臉的軍營裡虛擲掉了。

當然，在大度山上晃蕩的那段日子，有許多讓我回味無窮、受用不盡的經驗，但那一片純樸美麗的人文山林，和各種事情都正在發生的令人興奮的七〇年代台北文化圈，畢竟隔著一段距離。

我們只偶爾能有機會在體育館裡看到一場電影社同學安排的「單車失竊記」或徐進良的「大寂之劍」，或心懷仰望之情地和訓導處監聽人員一起擠在一間教室裡，聆聽剛出獄不久的「偏執的知識人」陳映眞先生神采迷人的演講。至於因爲過度饑渴而偶爾如朝聖般專程上台北趕赴一場周渝的「耕莘實驗劇團」的公演，或馬友友與張萬鈞在國父紀念館的布拉姆斯大小提琴雙協奏曲的音樂會，還可能剛好碰上黃建業在耕莘文教院大禮堂講卓別林或維斯康堤的某一部作品，那就是充滿喜悅與感激、可以咀嚼再三的豐富之旅了。

因此，七〇年代於我，只是個啓蒙、學習、或者頂多

◀梁正居的「台灣行脚」頗受後代人的好評。

遙遠地藉「人間副刊」、《夏潮》等跟著一塊兒興奮的年代，根本沒有機會也沒有能力參與其間的文化創造的生活。作爲一個外文系的學生，我當時主要的興趣和注意力總是放在文學、戲劇、電影上，對於其他藝術領域的活動或發展，則相當無知。在攝影的領域裡，那時除了聽過莊靈和張照堂，對其他人則大約一無所悉，想來十分臉紅。

八〇年初到美國唸書之後，卻一不小心對攝影發生了興趣，竟而終至逐漸改行走到這條路上來。當時和我一起在愛荷華唸新聞的一位東海外文系學長，在一次假期返台後，帶回來一本書，是攝影家梁正居在七〇年代拍攝的記錄攝影集《台灣行腳》。

還清楚地記得，在那個美國中西部小城的初秋夜裡，我一頁頁翻讀著一九七九年即已出版的《台灣行腳》時，心中難以抑制的激動。對於一個留學異鄉的人，書中一幀幀眼熟而溫暖的影像，自然是有著觸動思鄉之情的作用。但這本書對我的意義當然不止如此。《台灣行腳》使我頭一次這麼具體而有效地確認了自己與台灣那塊土地的深厚情感。書中也邀集了好幾位不同領域的學者，撰寫了很具知識與閱讀價值的文章；然而，梁正居攝影作品裡摯樸坦蕩的動人力量，和它們給予我的衝擊，則已不需要任何文字的支撐。

我和我的這位學長，碰巧都是台灣南部出生、成長的「外省」孩子。從書中蔣勳寫的序裡，我們得知梁正居也是一位在眷村長大，不折不扣的「外省」子弟。後來聽蔣勳說，梁正居爲了能深入記錄農鄉和基層勞動人民的生活，硬是下了功夫，在接觸拍攝對象的同時，一點一滴的練就一口流利的閩南語。這對我產生了很大的感動和啓發，而梁正居和他行腳台灣的成績，自然也成了我意欲仿效的一種典範。我會選擇攝影這條路，固然是受了尤金・史密斯等西方攝影大師們作品的影響，以及國外老師的一些鼓勵，但我知道在精神上一個眞正關鍵性的驅策力量，其實是梁正居的《台灣行腳》。

之後，我那位擅長搜集資料的學長，又在愛荷華大學的圖書館裡，發現了刊載於某一期《Free China Review》介紹王信的文章，和幾幅她留學日本與較早期的攝影作品。雖然不過是雜誌裡零星選用的幾張黑白照片，但其中準確有力的影像語言，已令我們十分動容。

接著，我也才後知後聞地聽到一些關於王信的令人敬佩的描述：一位身材嬌小的女子，七〇年代初赴日習農時偶然接觸了尤金・史密斯的攝影作品，深受感動而毅然改行攻讀報導攝影，並於返台之後隻身前往蘭嶼記錄雅美族人的生活；對記錄攝影的理念與實踐淸楚而堅持，且有極爲出色的作品等等。後來終於看到由「純文學」出版的王信的專題攝影集《蘭嶼・再見》，又得知王信已應陳映眞先生的邀請，爲籌備中的《人間》雜誌訓練攝影人才，並擔任該刊物的圖片主編。這也是讓我在一九八五年夏天興奮地從國外回來加入《人間》行列的一個主要誘因。

由於八〇年代開始才做了攝影領域裡的新兵，我只能在求學和工作中一點一點補著七〇年代的課，而陸續知道了當時一些比較活躍的攝影家，像謝春德、林柏樑、黃永松、姚孟嘉、蘇俊郎及阮義忠等人。他們在不盡相同的攝影類型裡，先後開拓了一定的創作成績。

如果硬要在台灣的七〇年代找出一位代表性的攝影家，我的偏見是，大概非張照堂莫屬了。在我尚不知嚴肅攝影創作爲何物的學生時代，張照堂即已是我聽過的一個響亮的名字。八〇年代中期從國外回來迄今，發現八〇年代以來比較優秀的年輕一輩攝影創作者，很少有人不是直接或間接受到張照堂作品的影響與啓蒙。

從藝術創作多元性的角度而言，這並不特別是個好現象，雖然這現象也未必是張照堂的責任。若暫且撇開這點不談，先就他的攝影作品來看，我必須承認，不管你喜不喜歡他的創作概念或影像風格，張照堂確實是一流的藝術家，他的影像掌握能力與內涵就是高人一等。

和那個年代絕大部分有興趣攝影的人一樣，張照堂在青年學生的時代，也是由當時台灣攝影文化唯一的「正統」——沙龍畫意攝影開始學起的。然而不多久進入台大，浸淫於各種西方現代藝文思潮之後，他很快地甩脫了沙龍攝影那一套僵化匠氣、毫無藝術撞擊力的拍照模式，開始嘗試概念性、表現性以及寫實記錄性的攝影創作。

我在過去曾一度於嘆服張照堂之影像敏銳度的同時，覺得他的攝影作品似乎有些耽溺於荒謬、嘲諷、疏離等生命情調之中。現在仔細想想那個不安、貧乏的七〇年代，在政治大環境上，仍沒有擺脫肅殺、低迷的氣氛和沒有出口的苦悶；而攝影小環境裡，則依舊供奉著「中國攝影學會」與郎靜山等人主導的、在當時的政治空氣下「正確」、

「安全」的沙龍攝影文化，亦即至今仍嚴重誤導或庸俗化了一般人對攝影文化的理解——那種休閒的、匠人的、不涉現實的、懷古憶鄉甚至反共愛國的「玩相機」文化。

在那樣困頓的政治與文化環境裡，極力捕捉現實中某種荒謬疏離的情境，其實是藝術家對自己的一種誠實。而張照堂從六〇年代起，即一意將攝影創作的思考及表現形式，從僵滯陳腐的沙龍式概念中解放出來，在那個動輒得咎的威權時代，此舉會招惹多少批評與物議，可以想見。它是一種對保守文化勢力的反叛。這種反叛與反思，本來是一位眞正的藝術創作者多少會自然具備的性格，但在那樣一個年代裡，敢於被視爲「離經叛道」之異類的勇氣，就顯得可貴多了。

張照堂、王信、梁正居、謝春德等這些七〇年代的攝影家，其實都有著相當的執著與叛逆性格。這使得他們不但各自展現了易於識別的某種「七〇年代人」的「型」或「味道」，更重要的是，他們不約而同地在一個訊息和資源皆十分匱乏的年代，頂著固若牢籠的攝影舊勢力或舊觀念，勢孤力薄地做著一些拓荒的工作。

九〇年代的今天，台灣的攝影創作圈已不斷出現更多年輕的好手與多元的創作方向，也許一些才氣橫溢的年輕一代攝影者，會覺得七〇年代那些攝影家們的一些作品「不過爾爾」。藝術創造當然是不斷往前推進和翻新的，我們固然可以今日的標準品評昨日的成績，並證明自己的進步與超越；但是，對於那些在不同的歷史年代裡，呈現了開創性與啓蒙性意義的攝影先行者，我想，應該是值得我們敬禮的。

幽暗的光影慾望

／黃建業

七〇年代不像六〇年代，澎湃的世界性反叛波濤已一一退潮。無疑地，在嬉痞運動、阿哥哥舞、披頭四、迷幻藥、性解放和反戰的餘風流韻中，七〇年代不單遠遜前朝，它更是充滿抑鬱和保守的。這種抑鬱症，在台灣七〇年代的光景中，尤其顯出一種特殊的蒼白。甚至連電影院，這個幽暗的地方所進行的慾望幻影，也難免瀰漫著一份壓抑和封閉的情緒。

身爲七〇年代台灣青少年，似乎有他們先天上的貧血和慘綠。那個連開舞會也需要向派出所報備，由警察守門口的時代，卻在西門町鬧區布滿著五步一崗十步一哨的皮條客，「少年吔！」「有漂亮小姐！」之聲，此起彼落。慾望是如此地化做猙獰面目，張牙舞爪，卻又在表面的保守規範中，設下重重禁忌。電影是如此理所當然地成爲正規大衆娛樂中青少年的最愛。它是那麼地公衆卻又那麼地充滿私隱性。從放映室投射出來的那道光芒，確爲不少落寞抑鬱的心靈，構築起一個幽暗而自足的慾望空間。

七〇年代國片流行的是瓊瑤式文藝片和港產武打片，還有特別製作的政策宣傳片，可謂鼎足而三分國片天下。從這三種影片類型可以支配整個年代的觀衆這個事實看

◀秦祥林、林青霞是七〇年代文藝片的要角。

來，我們或能窺見那個年代的封閉和單純性。和在跟學生上電影史課程的時候，常感覺這時的國片跟義大利墨索里尼時代，有驚人的相似性。當時義大利正在流行記錄片形態的政治宣傳片和被稱爲「白色電話電影」的文藝愛情片。之所以稱之爲「白色電話電影」，是因爲在這些義大利文藝愛情影片中，白色電話是幾乎必備的陳設用具，便於讓午後才睜開惺忪睡眼的女主角，躺在絲質被褥上，透過電話情話綿綿。我們七〇年代的瓊瑤電影也許沒有這種義大利式的華麗，但它們的封閉性卻同出一轍。一個窮畫家（普通是秦祥林或鄧光榮飾演），住在一幢海濱白屋裡，浪漫的時候會點起上百支白蠟燭，而失戀的時候常常是喝洋酒自暴自棄，或者跑到女主角樓下淋雨，直到肺炎爲止。由於例子太多，對心理學有興趣的盡可寫出這些影片如何不自覺地表達出創作者的自虐狂的論文。當然，在這些影片中，林間奔跑與沙灘慢鏡頭擁抱猶如餐後的茶或咖啡般順理成章。每部片都有咿咿喂喂的疲軟歌聲，幫助那些愛情片段，如風景日曆照般，在一個多小時中飛逝而過。在電玩面世之前，這是另種謀殺時間的貧血遊戲。

當然在瓊瑤式文藝片裡，也不乏讓人驚訝的筆觸。謝賢失戀沮喪，躲在幽暗角落不斷地彈吉他，彈到雙手流血，是集封閉狂想之代表；至於在「月朦朧鳥朦朧」等片，充滿一見鍾情的機會，則俯拾皆是。只不過林青霞對認識不久、喝著白蘭地的秦祥林說：「你是我見過的人裡最憂鬱的一個。」現在看來，大可成爲噴飯的經典名句。

七〇年代的台灣電影是沒有「性」的，導演們大多發乎情止乎禮，接吻場面之後，女主角會閉上眼睛，鏡頭焦點調到前景的燈罩或者一瓶花，然後淡出，要像李湘在「母親三十歲」裡演一個具有慾望的女人，卻是少之又少。怪不得已去世的影評人王介安說，那時看碧姬巴鐸的電影，禁不住面紅心跳；相較之下，小野貓和瓊瑤電影連肩膀也不外露的女主角，確有天壤之別：我們僅有的是微量賀爾蒙、切除性器官及挑逗眼神的戀愛故事。

若要選出瓊瑤電影的最佳代表作，仍然是宋存壽的「窗外」。它不單只是林青霞的第一部影片，全片質樸的寫實風格是七〇年代瓊瑤式文藝片所僅見，而更難得的是片中不自覺地保存了那個時代的高度壓抑性；甚至連江雁容這個角色那種纖弱的古典詩詞美學和自由戀愛夢想，都全面地遭整個家庭社會體制封殺粉碎。影片裡的閉鎖和抑鬱也似乎裸露出那個時代的病態。

如果說性愛在七〇年代國片中鮮被觸及，我們則可以感知到那種壓抑的慾望已轉型爲另一類滿足。武打功夫片和軍教政宣電影，都微妙地實踐了這種慾望。

「獨臂刀」式殘廢俠客底憂鬱與李小龍野獸般的對陣叫聲，如落霞、孤鶩齊飛；張徹坦露上身的熱血男兒們，則是秋水、長天一色。雄性暴力和挫敗，在慢鏡頭中被刻意地浪漫化爲死亡的芭蕾舞姿。「報仇」中狄龍「界牌關」式盤腸血濺，與姜大衛在「十三太保」中被五馬分屍，都是沙德侯爵嗜血樂趣底中國式典範。英雄必須透過死亡才能進入永恆。但在這批武打功夫片中血肉模糊的毀滅，才是非理性暴力底狂想終站。勝利並不重要，這些血性的英雄們要強調的是「死亡」——一種在現實中輝煌挫敗的終結姿態。

有時我不得不疑惑：這批陽剛風格的功夫片，是中國隱性男同性戀電影GAY FILM的前身。在那個同性愛被關在衣櫥的年代裡，功夫片披起民族主義的外衣，可以肆無忌憚地讓威冠軍和傅聲相濡以沫，狄龍與姜大衛肝膽情深。在中國電影史上，似乎還不曾如此大規模地塑造烈血男兒血和汗的擁抱。

當香港隨著經濟起飛，雙拳虎虎生風、信心十足地塑造武打英雄，爲民族主義搖旗吶喊，讓李小龍所飾演的陳眞踢毀「東亞病夫」牌匾的時候，台灣軍教政宣片，雖然一派義正辭嚴，卻不見得能如此信心滿滿。退出聯合國、與美、日的斷交，在政治前景上眞是「燈影動搖風不靜，船聲鞺鞳浪頻生」，同一艘船上的人們，彷彿都有著被全世界欺負、打斷門牙和血呑的委屈和憤慨。軍教電影是如此適切地建立起那種向無情世界強調中國英雄強烈的道德意識和韌力。抗戰故事強調的不是鎗林彈雨及場面浩大；反之，卻是一個一個在挫敗中打拚的英雄。不論是否成功，片中的英雄爭著成仁、取義，自殺之後還屹立在山崗上塑造神話，連日軍也向他脫帽致敬。這無疑是一種集體的夢想，回到抗戰物資匱乏的歷史，並以泛道德教條創造一種自我肯定和安慰。黑暗中的幻影使殘忍的現實，一下子變得有幾分溫柔。這種概念式的自我欺瞞，反省起來是相當可憫的。

這樣的電影文化氛圍，對影迷影痴來說，眞是個活囚籠。每年進口的外片不少，但絕大多數是美國八大公司商業片。雖然那時好萊塢新電影已開始崛起，但眞正能在院線公演的卻只有「教父」等賣座大片。像阿特曼的「像我們這樣的賊」、「納許維爾」，盧卡斯的「美國風情畫」、史畢柏的「飛輪喋血」，都是從地下放映的試片室試片，才能看到。幽閉的地下沙龍倒結集了一群求知若渴的電影痴狂。那時李幼新等人跑青康、紅樓戲院，尋找二輪影片的寶藏是家常便飯。他們甚至有線人同好，遙寄影迷密約，相邀何時到高雄、台南，一睹某歐洲電影的殘缺版本，算是不定期的電影之旅。這些影片之所以是殘缺版本，因爲大多被當做歐洲色情片進口放映。他們不單被片商及電檢單位剪得體無完膚，更嚴重的是影院都習慣在影片中央，挿放一系列造愛鏡頭的蒙太奇集錦。試過一次，跑到青康戲院看維斯康堤的「納粹狂魔」（當時片名是「納粹女狂魔」！）不單只人物關係不清不楚，湯瑪斯・曼式的「布登布魯克家族」的開場蕩然無存，影片恰似「去年在馬倫巴」般時空混淆，更在中間出現一長段瑞典色情片。觀衆的拼湊藝術觀或許是在這樣的環境下已開始接受過於早熟的教養。其他如米克・尼高斯的「二十二支隊」、「獵愛的人」和安東尼奧尼的「蝕」（當時譯做「慾海含羞花」！）都多少遭受過同樣待遇。不過這種一鱗半爪的「管窺探祕」，總比像「魂斷威尼斯」被判定爲同性戀電影完全禁演，堪可告慰。這都不是當代觀衆坐擁四聲道電影／投射幕，在家隨手拿一部經典片的碟片或錄影帶，偶然還可不斷運用轉台器亂轉有線非法電視的四十幾、五十個頻道，所能想像的饑渴不堪的沙漠年代。

在七〇年代，理想主義繼續潛行，全盤西化的《劇場》雜誌被新一代的舊《影響》承繼，但漢章、李道明、卓伯棠、張毅等人，在六〇年代歐美新浪的撞擊下，不僅爲「作者論」以至新發展的「符號學」推波助瀾，更有趣的是選出「年度十大爛片」，差點惹來官非，但那種初生之犢，直言無隱的電影之愛卻在九〇年代過度世故的媒體中逐漸隱晦不明。七〇年代的台灣電影文化，或許是一個抑鬱過度的慘綠年華，但其間的純樸，與強烈的渴求和慾望，卻有著更彌足珍貴的人與電影的情感關係。是這份渴慾的熱情爲現今具有電影資料館、國際影展、MTV、第四台等資訊的開放年代催生。雖然，一個新的世代卻逐步毀滅了那份原本的純潔性，在龐大的資訊中堆起九〇年電影世代冷穆的新意象。

第四輯

海外篇

一九七〇年代的日本

／李永熾

一九七〇年十一月二十五日寫完最後一部小說《天人五衰》後，三島由紀夫與楯之會的同志一起赴日本陸上自衛隊市谷駐屯地，發表演說，促請自衛隊員覺醒，揭竿而起，以改造社會文化，隨即切腹自殺。

三島由紀夫切腹事件在日本而言頗富象徵意義。這事件一方面象徵一九六〇年代學生運動的激情已經過去——亦即三島的行動主義日益褪色；一方面宣示新的時代即將來臨——小衆消費主義的來臨。

在思想上，三島和全共鬥的學生運動完全不同，但兩者都強調行動主義。三島主張行動的文化主義，強調極富行動力的武士道，如詮釋德川時代的武士道著作《葉隱》，寫成《葉隱入門》；又頌揚一九三七年意圖改造日本建立皇道主義國家的軍人暴動「二二六事件」，完成小說《憂國》。另一方面，在學生運動最高潮的一九六八年，撰寫《文化防衛論》，主張建立以天皇爲象徵主體的日本文化論。這種行動的保守主義跟以馬克思論述爲中心的學生運動完全不搭調，但是學生運動不僅反資本主義，也反體制化的共產主義，奉行行動的托洛斯基主義與改造日本的北一輝主義。北一輝在日本史上雖是法西斯的源頭之一，但其改造日本的行動欲求卻爲青年學生所欣賞。而北一輝正是二二六事件的思想領導者，在這一點上，北一輝遂成三島與青年學生的交集點。

僅管如此，三島和青年學生依然相斥。三島曾把全共鬥活動最激烈的東京大學稱爲「動物園」；東大駒場教養學部的學生乃邀三島辯論，一九六九年五月，三島隻身赴東大，這種勇氣在當時曾轟動一時。由此亦可看出三島的行動力。

三島的切腹也指謂學生的行動與激情已日益消散。而消散前的返照則是赤軍連的「淺間山莊事件」。全共鬥學生運動在七〇年衰退後，即從其中衍發出最激進的學生團體——赤軍連，赤軍連也以其激進的手法來證明自己的存在意義。但他們彼此間則講究服從與不畏苦的耐力，否則皆被視爲弱者，加以殺害。此一私刑事件在一九七二年二月以淺間山莊管理人的妻子爲人質，與警察機動隊發生槍戰後，才發覺赤軍連分子被私刑處死的遺體，其中還包含了孕婦，爲此而引起日本舉國大震撼。四月十六日，在全共鬥運動最高昂的一九六八年榮獲諾貝爾文學獎的川端康成，在家含瓦斯管自殺身亡，有謂其自殺乃哀弟子三島由紀夫之死，或謂因諾貝爾獎的盛名之累，再也寫不出好作品，乃以身殉。總之，從三島之死經赤軍連的淺間山莊事件到川端之死，宣示了一個狂飆時代的結束。

學生運動的疏緩在某一方面也意謂資本主義生產關係的轉換。一九六〇年代的生產至上傾向，由於水俣病、痛痛病之類公害造成的疾病日益引起日人的關懷，逐漸成爲

▶田中角榮的聲望因與中共建交而至頂峯。

社會運動的重心，到一九七〇年代開始受到廣泛的檢討，生產與生態的關係也讓企業界不能不關注。不僅自然生態，連社會或政治生態也引起震撼性的事件；彷彿爲了要證明一九六〇年代學生運動所指責的「產官學一體」之控訴，一九七〇年代發生了震撼日本整個政界與社會的洛克希德事件。這事件的主角乃是當時紅極一時的日本首相田中角榮。如果說一九六〇年代的政治人物可以實現沖繩歸還目標的佐藤榮作爲代表，那麼一九七〇年代前半期的代表則是田中角榮。田中從一個小學畢業生爬升到首相位置，而且是自民黨最大派系的頭頭，擔任佐藤內閣通產相時，發表《日本列島改造論》;就任首相後，當即隨順中共進入聯合國之勢，而與中華民國斷交，跟中華人民共和國「復交」，田中的聲望至此臻於頂峰。《平家物語》強調「盛者必衰之理」，這句話似乎也可用在田中身上。一九七四年，評論家立花隆在《文藝春秋》雜誌發表〈田中角榮研究〉，揭發田中瀆職的行爲，是洛克希德事件的開端。一個月後，在媒體的追擊下，田中終於辭首相職，由三木武夫繼任;兩年後，在國會的追究下，田中終因洛克希德案被提起公訴。

田中當政時期，正是日本社會處於美元貶值和石油第一次危機的時期，尤其一九七三年的第一次石油危機，引起了日人戰後物資匱乏的回憶，紛紛搶購、囤積衛生紙與洗潔劑，蔚爲奇觀。不僅如此，石油危機也讓日本人記起日本是一個沒有資源的國家;往昔，沒有資源就利用戰爭來搶奪，太平洋戰爭即爲著例。但是，這種激烈的手段現在已不可能，必須改變生產方式。於是，在日本，開始引發資源浪費的討論，由此展開反資源浪費與反公害運動；另一方面則由大量生產或鉅件生產轉換爲輕薄短小或少量多品種的生產方式。這種生產方式正符應對應石油危機的困局，反而創出日本小汽車流行世界的態勢。

然而，最有趣的是，石油危機後，山岡莊八的時代小說《德川家康》大爲暢銷。《德川家康》共二十六冊，摻雜了許多虛構的故事，但在一九七〇年代風行一時。論者認爲，德川家康的意象正符合當時日本人的要求。我們知道，德川家康是從一個小諸侯築起德川帝國的政治人物；他的「忍」跟織田信長的「狠」、豐臣秀吉的「速」同樣有名。但德川家康的「忍」是「待機」的另一義，機會一到，絕不放過，這乃是他超邁織田、豐臣的成功要訣。所以，日本人在石油危機的衝擊中必須要「忍」，以等待機會的來臨。待機時固然要默默忍受，但在各方面都必須有所準備，機會來臨才有能力予以掌握。事實上，日本的文化工業一般而言，都頗能掌握觀衆或讀者的欲求與心理。一九六二年六月，司馬遼太郎在「產經新聞」連載以坂本龍馬爲主角描寫德川幕府末年情境的《龍馬風雲》，到一九六六年五月才結束，共費時四年。這漫長的時日正是日本經濟高度成長的時期，也是青年學生在高度成長期意圖有所變革的時期。幕府末年是日本從封建走向近代的變革時期，而當時的日本人就像坂本龍馬一樣，沒有精緻的近代知識與技術，憑藉的只有敏銳的直感與對事物的了解。二次戰後，一般日本人在戰後混亂時期都沒有接受很好的基礎教育與

▶岩波書店的小開本書，影響日本讀書風氣甚深。

專門教育，竟然成就了經濟高度成長的日本奇蹟。一九六七到六九年，我正在日本留學。當時我最深的印象當然是激越的學生運動，然而幾乎一到晚上八點鐘，十點才打烊的百貨公司和街道，已幾乎冷清無人，一問之下，才知道大家都趕回家或遁入店裡，看NHK連續劇「龍馬風雲」。

有人說，一九七〇年代是「販賣精神或文化」的時代，恰與一九六〇年「賣物」的時代相對應。換言之，一九六〇年代的銷售物品主要以洗衣機、電視機和電冰箱等「三種神器」爲主，而一九七〇年代電影、電視、音樂、出版、茶道、插花、設計……等全年的銷售量高達十八兆日圓；文化已變成「爲販賣而創造」的產業。二次戰前，出版是創造文化的中心，這種局面在七〇年代文化產業化的過程中也發生莫大變化：書店林立，周刊雜誌以自動販賣機出售。書店占最大面積的是漫畫以及五十六開本的文庫本和四十開本的「新書」本。戰前大都市的景觀之一是大學生在電車中看洋文書，而現代在地下鐵中，大學生和青年上班族看的是漫畫。

一九七六年，角川書店開始拍攝電影，建立所謂電影、音樂與書本三位一體的銷售觀。岩波書店的「文庫」以古典著作的翻譯或重排爲重心，教養性質極濃。岩波的四十開「新書」則以介紹新知爲主題，如今也逐漸以議題爲取向。而角川等的文庫與新書均以娛樂爲主，採取大量銷售方針，已喪失文庫與新書的固有意義。

不僅書籍內容大異往昔，閱讀者也發生大變化。女性不只是閱讀者，也逐漸成爲重要的創作者，女性小說家、腳本作家越來越多，如有吉佐和子出版討論老人問題的《恍惚的人》、談論公害問題的《複合污染》都能引起世人的議論，成爲社會的話題。女性主義也逐漸從以前爭取權利平等的論述走向「無差別之差異」的論述。

文化的變幻大致已由中心走向周邊。例如《上方藝能》雜誌的總編輯木津川計即在所著《到文化之街》裡強調大阪文化的復權。他從「寶塚型文化」、「河內型文化」、「船場型文化」三方面論述大阪文化的地域性。所謂「寶塚型文化」當然是指寶塚劇場所象徵、帶有都市華美韻味的文化；這是以中產階級爲主要對象的郊區文化。一九七四年九月開始公演的「凡爾賽的玫瑰」總共吸引了一百四十萬觀衆，若加上地方公演的觀衆則達一百六十萬，是寶塚劇團史上最大的成就；也是高度經濟成長在大都市所表現的光之一面。「河內型文化」則是具土著庶民性的文化，漫才（相聲）、落語（單口相聲）、浪曲、講談（說書講古）、新喜劇等皆屬之。這些庶民文化在一九五〇年代諸大師相繼去世後，已走上衰頹之途，想不到一九七〇年代竟然起死回生，爲大阪市民所歡迎。只有以文樂（人形淨琉璃）和上方歌舞伎爲代表的「船場型文化」，因爲大阪難波附近的船場被高速公路一分爲二，加上地價昂貴、環境惡化，原有的下町乃告瓦解，與市民生活結合爲一的「船場型文化」也因而日益衰敗。

都市文化的庶民性雖日益顯化，相對地，電視文化也逐漸普及。然而，無論庶民文化或電視文化，也都相對的表面化。都市人眞的只圖表層的歡樂嗎？表層之下的深層面究竟如何？

也許，純文學可以表達現代都市人的深層形態。如果說一九六〇年代是日本「第三新人」文學的天下，那麼一九七〇年代的現象可由所謂「內向世代」文學來代表。「第三新人」標榜脫意識形態化，卻有形無形也陳述了「父親不在」的脫權威景象，顯示現代已逐漸步向後現代，同時如吉行淳之介所示，以夢表現人的內在情境。到七〇年代，「內向世代」作家已相當後現代地觸及人類深層的根莖形態，同時也論及都市內人的自我喪失與「性」的喪失，都變成了團塊，所以沒有個性，沒有人格，「我」就是「你」、「你」就是「我」，但是團塊是隨時解體，又隨時組合，分而合，合而分，沒有一定的規章，這正是東京這類大都會的寫照。

這種團塊狀的人群或都市，模糊而曖昧，已非現代的理性觀所能分辨，結構主義的神話論自然變成很重要的創作基礎。在這方面，七〇年代最受重視的大江健三郎，可說是最好的代表性作家。大江本尊奉沙特的存在主義爲寫作的理論基礎，一九七〇年代受博學多識的結構主義人類學家山口昌男的影響，開始把結構主義論述導入文學。以神話或宇宙論設定人物活動的場域，而後藉此陳述核子武器將給人類帶來深刻的危機；或陳述全共鬥人員與機動隊戰鬥後所留下的神話式傷痕。去年以四十六歲英年去世的中上健次，也是七〇年代最受歡迎的作家之一。他的寫作方向雖與大江不同，但神話則如一。中上不是描寫都市，而是以傳說豐富的和歌山熊野爲寫作場域，他的底色極具土俗性，在這底色之上呈現與土地密切關聯的性與暴力，這些都是自然神話的展現。中上的土地神話論和大江的村＝都市＝國家的宇宙論，都勾畫了人群或人類深層的曖昧性。

都市的鉅型化、人群的團塊化、工業產品的輕薄短小化和人類回歸土地的神話性，幾乎可以說是七〇年代日本的象徵情境。在這情境中，日本至少在石油危機之後，產業經營逐漸合理化，資訊工業發展迅速，汽車業也國際化，總之，日本經濟在歐美各國處於負成長的當兒，依然以百分之三的成長率持續成長。就在台灣被稱爲新興工業國之一的時候，哈佛大學教授佛格爾寫了一本《日本第一》，立刻在日本引起莫大的浪潮。從明治維新以來，日本在歐美各國之前，一向有自卑感，美國哥倫比亞大學多納德．金教授曾經指出，日本文學獲得歐美學者的翻譯與欣賞後，日本人才敢相信日本文學的確不錯，川端獲諾貝爾獎也具有此一作用。《日本第一》出版後，日本人才相信日本經營有其獨特的特色。於是，日本人狂熱地研究日本經營的特色——「集團主義」；研究日本文化的特質——型與道的形態；更進而研究日本的國民性。總之，日本人終於有了自信。

七〇年代，日本在種種危機中創出自己的特色，也給日本人帶來了自信。這種特色與自信使日本在八〇年代的經貿上獨步世界。但盛者必衰，自民黨九〇年代的自我解體也許是八〇年代「由自信而驕傲」（石原愼太郎的「不」）

所呈現的內在腐化，也可能是政治惰性跟人心思變不能契合所致。總之，七〇年代是日本從近現代轉向後現代的時期，一切都處於轉換之中，曖昧難清。

新大陸一些不應該與應該發生的事

／張北海

序幕

沒有人會期望任何人在一篇文章裡去談像美國這樣一個大國在一年，更不要說十年之中所發生的事件。因此，我也不去談。我只是盡我的力，選擇上可能帶有偏見，但不下結論地在這裡提供以美國爲主的七〇年代的一些大事、小事，以及我還沒有忘記的瑣事，有的你們還有印象，有的可能你們第一次聽到。總之，我只能保證，不管是好、是壞、是醜，它們的確發生了……

一九七〇

*尼克森總統成立環境素質委員會，表明聯邦政府開始重視環境問題。

*反越戰的「芝加哥七」(Chicago Seven)，因大鬧一九六八年民主黨大會，被判有罪。

*「披頭四」解散。

*美國防軍射殺俄亥俄肯特州大抗議美軍侵略柬埔寨的四名學生，之後，全國兩百多家大學罷課。

*去世：法國總統戴高樂，埃及總統納瑟，搖滾樂手

Jimi Hendrix, Janis Joplin。

*四月份Penthouse首次顯露陰毛。

*波蘭群衆抗議示威，三百人被殺。

*新名詞：未來震盪，綠化。

*智利民主選出馬克思主義者阿連德為總統。

*黃金自由市場價格降到標準的一英兩三十五美元以下。

*首次有了婦女將官。

*美國人口：兩點零五億，聯邦預算：一千九百七十億美元，國債：三千八百億美元。

*女權運動全國化……。

一九七一

*自元旦零時起，禁止煙草商在收音機和電視上做廣告。

*最低投票年齡降到十八歲。

*「熱褲」上台。

*乒乓外交開始，季辛吉祕訪周恩來。

*華府甘迺迪中心開幕。

*紐約州阿蒂卡監獄牢犯暴動，三十一名犯人被殺。

*新名詞：垃圾餐，黑洞，工作狂。

*中華人民共和國取代中華民國為聯合國會員會。

*去世：俄裔美籍作曲家史特拉文斯基。

*Apollo 14登陸月球。

*二十萬人參加華府反戰大示威。

▶(左圖)美國游泳選手史畢茲於慕尼黑奧運獨獲七面金牌。

▶(右圖)勞勃・狄洛尼曾參與「教父」第二集演出。

*「紐約時報」開始連載〈五角大廈祕件〉。
*東巴基斯坦獨立，改稱孟加拉國。
*加州「因特爾」推出微處理機。
*四分之三的電影觀眾在三十歲以下。
*美國本世紀第一次進口超過出口。
*紐約州開始合法賭外國馬……

一九七二

*第一份女權主義雜誌Ms.問世。
*舊金山地下鐵通車。
*「水門事件」開始。
*流行名詞：因美蘇談判而走紅的「緩和」、「開放式婚姻」。
*美國最後一支戰鬥營撤出越南。
*「教父」電影大紅特紅，「教父」名詞大紅特紅。
*職棒美聯啓用「指定打擊手」。
*美泳手史畢茲在慕尼黑奧運一人獨拿七面金牌。
*阿拉伯突擊隊劫殺十一名以色列奧運選手。
*道瓊指數首次突破一千點。
*第六次和最後一次登陸月球的Apollo 17返航。美國終止載人月球航行計畫。
*《生活》周刊停止出版。
*杜魯門總統去世。
*卓別林流放歐洲二十年後首次回美。
*流行事務：健康食，超脫靜坐，針灸。

＊伏特加銷路首次超越威士忌……

一九七三

＊「水門」成爲任何醜聞的詞尾。
＊最高法院裁決(Roe V. Wade)人工流產合法。
＊尼克森宣布越戰一月二十八日結束。
＊阿拉伯聯盟各國在西方國家共有一百億美元存款，美國一國爲八十五億。
＊智利阿連德總統因政變下台，自殺他殺不詳。
＊新名詞：古拉格(Gulag)。
＊阿拉伯石油輸出國組織對美實施石油禁運。
＊美國心理學會改變其一貫立場，聲明同性戀不是精神病。
＊流行標語：「美化美國——剪頭髮」，「節約用水——與友共浴」。
＊去世：畢加索，導演約翰•福特，詩人奧登，賽珍珠，詹森總統，大提琴家卡薩爾斯。
＊傳奇性的CBGB（鄉村、藍草、藍調）搖滾俱樂部在曼哈頓下東城開幕。
＊牛仔褲、便裝、舊軍服、T恤白熱化流行。
＊尼克森總統宣布，「我不是壞蛋。」……

一九七四

＊石油禁運結束，汽油仍漲。
＊「水門事件」波及總統。

▶漢克・阿倫第七百一十五隻全壘打。

*「裸奔」不時出現。
*人人手戴數字顯示表。
*眾議院司法委員建議彈劾尼克森，一星期之後，尼克森宣布辭職，福特接任總統，並立刻「徹底，無保留，絕對寬免」尼克森。
*漢克・阿倫第七百十五支全壘打，破了貝布・魯斯四十七年的記錄。
*時裝：「錢」比基尼，指剪下一塊比郵票略大的軟布，再由一根線在上面繫起來的女泳衣。
*流行名詞：綠色革命。
*流行廣告（泛美）：享樂今天，明天會更貴。
*林白上校去世。
*巴勒斯坦解放組織以觀察員身分進入聯合國。
*報閥之後派蒂・赫斯特被綁架。
*墨西哥發現石油……。

一九七五

*紅色高棉占領柬埔寨，開始大屠殺。
*北越占領西貢，改稱胡志明市。
*發現新星系，命名3C123，距地球八十億光年。
*美蘇太空人在地球一百四十英里上空握手。兩國外太空競爭結束。
*「大白鯊」來了。
*西班牙弗朗哥獨裁三十六年後去世。
*畫時代的電視喜鬧節目「星期六晚現場」(Saturday

◀席維斯史特龍（左）因「洛基」大紅特紅。

Night Live）問世NBC。

*三十五個東西方國家簽署赫爾辛基人權協議。

*福特對破產求救的紐約說「去死吧！」

*卡車司機工會老大吉米・霍發失蹤。

*新事務：狗旅店（紐約州）……

一九七六

*美國獨立兩百周年。

*一個平均的美國人是二十八點七歲：完成了十二點四年學業：有二點三個小孩：擁有五點三個房間的住宅。

*「洛基」上演，打招呼的時候，Yo!取代了Hi!

*Apple推出個人電腦。

*加州頒布第一個「死亡權利」法。

*大西洋城可以設賭場。

*卡特當選總統，對《花花公子》訪問說，「我心中常犯通姦。」之後出現的標語：「在他心中，他搞過你老婆。」

*流行標語：眞人穿假毛。

*Viking／登陸火星。

*最高法院裁決極刑有違憲法。

*作家湯姆・沃爾夫總結七〇年代爲「（以）我（爲主）的十年」（Me-Decade）。

*諾貝爾獎首次由美國人全包……

▶(左圖)美國田納西貓王逝世紀念追悼會。

▶(右圖)貓王去世，四十二歲　。

一九七七

＊卡特總統寬免幾乎全部越戰期間拒服兵役者。
＊卡特宣布今後美援將視受援國人權記錄而定。
＊貓王去世，四十二歲。
＊「龐克」搖滾上台。
＊「星際大戰」、「第三類接觸」上演。
＊紐約市大停電。
＊巴拿馬運河將在公元兩千年前交還給巴拿馬。
＊流行事務：瓶裝（飲用）水。
＊流行用語：遺傳工程，雌雄不分(androgyny)。
＊去世：卓別林，平克勞斯貝，馬克斯三兄弟老大，歌劇女星卡拉・絲，作家納布可夫。
＊Studio 54俱樂部在曼哈頓開張，立刻成爲迪斯可舞中心。
＊中子彈製成，只殺人，不毀物。
＊紐約連環殺手（七死八傷）「山姆之子」被捕……

一九七八

＊瑞典成爲禁止使用噴霧罐（aerosol can，以防止破壞臭氧層）的全球第一國。
＊世界第一個試管嬰兒在英國出生。
＊流行事務：共泡熱澡盆。
＊流行用語：船民（逃離越共）。
＊人民教教主瓊斯命令其信徒集體自殺。九百十四人

七〇年代

◀卡特當選總統。

死亡。

＊蘇聯一座人造衛星墜毀在加拿大。

＊去世：肯亞開國之父肯亞塔，數理邏輯學家格德爾，德國走鋼絲家族之長卡爾・瓦蘭達，人類學家瑪格麗特・米德。

＊加州通過「提案13」，將州的地產稅減百分之五十七。其提案人成爲民間英雄。

＊卓別林瑞士墳墓中的屍體被盜。

＊教宗約翰・保羅一世升天，波蘭大主教繼任教宗爲約翰・保羅二世。

＊自動調距相機問世。

＊聯邦法官裁決棒球聯盟主任委員對女記者進出球員更衣室的限制爲非法。

＊洛杉磯成立「全國女同性戀女性主義者組織」。……

一九七九

＊中（共）美建交，中（華）美斷交。

＊美總醫官宣布吸菸是「致使早死的最重要環境因素」。

＊伊朗國王巴勒維外逃到美國。

＊伊朗伊斯蘭什葉派教主何梅尼由法國回伊朗，不久之後宣布「這是神的政府的第一天」。

＊在卡特總統見證之下，埃及和以色列簽署「大衛營」和平條約，終止了兩國三十年的敵對。

＊賓州三浬島核電廠發生事故，幾乎造成大災難，居

▶阿里曾三獲世界拳王。

民撤出。

＊連環圖《超人》成爲電影「超人」。

＊SONY Walkman「隨身聽」上市。

＊伊朗激進分子占領德黑蘭美國大使館，要求交回伊朗國王。

＊英國選出首任女首相佘契爾夫人。

＊遇刺：蒙巴頓勛爵；去世：影星珍・西寶，約翰・韋恩。

＊尼加拉瓜內戰，桑定主義者奪權。

＊石油輸出國組織再度加價百分之五十。

＊蘇聯進兵阿富汗。

＊烏干達獨裁者衣地・阿敏被推翻。

＊七〇年代被命名爲「婦女十年」。

＊唯一的三次重量級拳王阿里（56—3—0）正式退休。

＊美國氣象局開始以男人名字命名颶風，男女每年輪流。

＊最高法院裁決未成年者有憲法權利墮胎，但需要她說服法官她已經成熟到可以作出那個決定。

＊Voyager I探測木星。

＊爲男女同性戀者的權利在華府大遊行。示威者來自全國各地。

＊新名詞：滯脹（stagflation，經濟停滯加通貨膨脹），同居贍養費（palimony），酸雨（acid rain），超級恐龍（Supersaurus）。

＊美國有五十二萬人是百萬（和以上）富翁，每四百二十四人之中有一位……

尾聲

……所以，七〇年代就這樣（或那樣）一去不返，是好，是壞，是醜，也都成爲歷史了。經歷過這十年的人不妨想想看，之後的八〇年代又怎麼樣？雷根上台，藍儂被殺，愛滋病流行，垃圾證券氾濫，國債更高築，還有那批好在已快絕種的「雅痞」，而且別忘了我們的天安門大屠殺……，所以，讓我們在一起熬過這九〇年代的同時，等待著，期望著二十一世紀吧！

美國媒體中的七〇年代台灣

／林博文

一九四九年國民政府「金陸王氣黯然收」，倉皇撤守台灣；從此，美國媒體對海峽兩岸的報導，即「重大陸而輕台灣」。除了麥克阿瑟將軍於一九五〇年訪台和五〇年代台海情勢緊張之外，台灣殊少成爲美國媒體的焦點新聞，許多美國人不知道台灣的地理位置，亦不清楚台灣是不是福爾摩沙？

一九六〇年美國總統大選時，台灣意外地變成選舉政治的重頭新聞，尼克森和甘迺迪在電視上激辯國府應否撤出金門、馬祖，甘迺迪認爲金馬兩島無足輕重，美國不應爲了保護金馬而捲入台海戰爭；尼克森則表示金馬前線是台澎安全的保障，應予協防。尼甘的辯論，乃是台灣最後一次在美國媒體上占有「顯著地位」，直至一九七一年七月的「尼克森震撼」和十月國府被逐出聯合國。

儘管冷戰時代美國堅決反對中共、支持國府，以及「中國游說團」在朝野發揮無與倫比的力量，新聞鼻敏銳的美國媒體顯然知道亞洲的新聞重點在那裡？它們早已察覺出毛澤東的「紅色中國」（Red China），不論具有多少「罪惡性」，這個新興共產政權將是未來東方政治舞台的主角。即便是反共健將亨利・魯斯所主持的《時代》周刊，亦對

◀七〇年代初，尼克森(中)派季辛吉（右一）秘訪北京。

國共新聞的比重作了重大調整，該刊曾十次以蔣介石爲封面人物（亞洲版不算），最後一次是在一九五五年四月十八日；毛澤東掌權後在《時代》的封面上出現過八次，《新聞周刊》以毛爲封面亦達八次，周恩來也多次當封面人物。

七〇年代台灣在美國媒體上「死灰復燃」的原因，殆與台灣內外情勢的激變有關。一九七一年七月中旬，尼克森發表全國性電視演說，公開透露國家安全顧問季辛吉已祕訪北京歸來，並宣布將於翌年初春訪問大陸；這項震撼全球的大新聞，揭開了台灣重登美國媒體「舞台」的序幕；接著國府的脫離聯合國和中共踏上國際外交鬥場的一連串變化，使媒體不再輕忽台灣新聞，而台灣島內剛起步的一系列政經大改革，亦引起了國際媒體的高度重視；亞洲碩果僅存的強人蔣介石的逐漸退隱，蔣經國的正式掌握大權；台灣一批自由主義者的蠢蠢欲動，都使美國媒體重新認識了「島嶼中國」(Island China)。一九七九年一月，卡特政府宣布與中共建交，捨棄「忠實盟友」的大逆轉，使台灣新聞更加突出；同時，亦爲七〇年代的台灣變局畫下了一個階段性的句點。

尼克森在六〇年代「賦閒」之際，即曾認眞思考過美中（共）關係，他在一九六七年十月發表於《外交季刊》的長文〈越戰之後的亞洲〉，即主張美國應重估與中共的關係。尼克森打開中國「竹幕」的行動，乃是認知於美國不應繼續圍堵中共，而台灣亦不再是美國圍堵戰略中的一環。也就是說，在冷戰時代，台灣一直是東西方對抗中任由美國擺布的一顆棋子，到了對抗轉變成「低盪」的時代，這顆棋子的作用陡變，台灣必須尋找自己的方向，開拓本身的命運。

七〇年代美國媒體對台灣的報導，向以「紐約時報」、「華盛頓郵報」、「洛杉磯時報」、「華爾街日報」、「基督教科學箴言報」、《時代周刊》和《新聞周刊》等主流媒體為主，它們本身派有駐台記者和駐香港記者，一些主管級的編輯部大員亦不時走訪台灣，親自採訪。美聯社、路透社與合衆國際社自台灣發出的電訊，大報甚少採用，一向不重視國際新聞的地方報紙，則偶予刊登。

主流媒體對台灣新聞的處理，向以附屬於中國大陸新聞的方式行之，但在台北—北京—華府三角關係劇變的時代，媒體開始注意台灣的前途，兩岸關係、台灣人的政治權益、台灣的經濟發展，以及蔣經國小心翼翼推動的權力結構的改變。

尼克森在季辛吉首訪北京歸來後表示，美國與中共尋覓新關係，絕不會背棄「我們的老朋友」，除了少數保守媒體反對尼克森，大部分報章雜誌皆支持老尼的外交創舉，但亦對台灣的處境表示關切，紛紛著論，建議美國應繼續與台灣維持外交關係，華府應恪守中美共同防禦條約，但有些媒體已感覺到台灣的政治前途頗為黯淡，一向頗支持國府的《時代周刊》亦說，在世界事務上，蔣介石政權的重要性極其微小；蔣自稱為全中國唯一領導人的說法，早已是無稽之談；台灣對美國的政治與軍事作用，則微乎其微。美國媒體對台灣的唯一「祝福」是：中共勿以武力威脅台灣。

一九七一年十月下旬，國府未能守住聯合國席位，美國常任代表布希雖在安理會上全力協助台灣，但尼克森與季辛吉對台灣席位的保衛戰，不過是虛與委蛇而已。一九七二年二月，尼克森訪問中國大陸，與中共簽訂「上海公報」，承認「台灣是中國的一部分」，並稱美國將逐步自台灣撤軍。美國媒體在這場歷史性的變局中，皆採取同情台灣的立場，但各報刊雜誌的論點則不盡相同，有的主張「兩個中國」、有的提出「一中一台」或「台灣獨立」的建議。除了少數左翼報章贊成把台灣交給中共，絕大部分的媒體皆希望台灣維持現狀，他們的基本旨意是：一千八百萬台灣人民的生存權利與福祉，不應被剝奪。

蔣經國於一九七二年六月出任行政院長，意味國民黨的權力接班工作已正式運轉。美國媒體過去一直以「台灣的特務頭子」、「蔣介石的繼承人」等字眼來形容「帶有神祕色彩」的蔣經國，一九七〇年四月蔣訪問紐約遇刺無恙，其「神祕性」更受媒體注意。蔣經國開始主政的七〇年代，台灣的政治、社會與經濟，亦同步發展，外在情勢的刺激和台灣在國際空間的日趨孤立，一方面促使國人更具「憂患意識」，一方面亦帶動了一批具有使命感的知識分子對國是的關懷。台灣的經濟起飛雖是美國媒體的例行性新聞，但政治層面的新聞，已逐漸獲得重視，尤其是蔣經國對政治改革的誠意與進度、台灣人的參政機會、國民黨對言論與新聞的控制以及台灣的地方選舉，美國媒體都會以較大的篇幅加以分析報導。

一九七一年十二月十二日的「紐約時報」報導了台灣

人在中央與地方擔任主管的比例，超過以往；「華盛頓郵報」亦和時報一樣，對台北市和台灣省的議會選舉，作了較全面的報導。一九七五年《台灣政論》雜誌事件，使美國媒體進一步體認到台灣的政治改革腳步遠不及經濟改革。這些媒體認爲，台灣人的言論、集會、結社權利與自由，雖在憲法上得到保障，但戒嚴法的實施，卻使這些「自由」形同具文；因此，媒體指稱台灣人的政治與言論自由，受到「嚴格的限制」，雖然與隔海的中國大陸相比，台灣確有更多的自由，然從一個自由民主的角度來看，台灣仍屬「不及格」。

一九七七年十一月的中壢事件、一九七九年十二月的高雄美麗島事件，都引起了美國媒體的廣泛注意，它們認爲蔣經國政府並未有意「開放」政治權利，仍以少數人（外省籍）統治多數人，而在普遍覺醒的本土化運動中，蔣經國和保守當權派對他們的抗拒與壓制，更形強烈。國民黨政權對反對派和異議分子的鎮壓，在一九七九年臻於高潮的原因，顯係受到北京與華府於一九七八年年底宣布建交的影響。

對台灣的統治者而言，七〇年代末期顯然是一段「寒冷的冬天」，卡特政府的承認中共、島內人民要求擴大政治參與的呼聲，使國府面臨了一九四九年以來最嚴重的一次政治危機。美國媒體極爲注意國府是否能夠在斷交刺激中生存？台灣的經濟發展是否將受阻？國府如何應付大變局？它們對台灣在國際孤立中所展現的「恢復力」（resilience），頗感驚訝，亦至爲佩服；然而，對國府加緊內部控制的舉措，則多予抨擊。這些媒體指出，台灣已到了一個轉捩點，執政者的明智作法，應是提升台灣人的政治地位，而不是予以打壓。

台灣政治改革的速度總是遲緩的、迂迴的，直到八〇年代末期強人時代落幕之後，台灣方始出現「百家爭鳴」的崢嶸氣象。

物換星移話七〇

法蘭西史記

／吳錫德

從重大事件與局勢的變化看，若眞要畫出七〇年代的法國，應是從一九六九年戴高樂總統下野算起，而止於左派社會黨於一九八一年五月以排山倒海之勢席捲政權。從政治思潮看，這兩個事件恰好標示當代法國政治生活的重大轉向：由右到左。而七〇年代正是所謂的過渡期：講求「開放」的龐畢度政府（六九～七四）加上標榜「中間路線」的季斯卡政府（七四～八一）。不過，其中「戴高樂時代」及「戴高樂主義」仍舊深刻烙印在這個時期，而且舉足輕重。

戴高樂與現代法國

一九七〇年十一月九日，戴高樂因心臟病猝發去世。僅差兩個星期就整整八十歲。他於年前四月自行宣布下野，在位執政達十年又三個月，爲歷來法國在位最久的總統（現任總統密特朗已破了他的記錄）。他在逝世的那天，還像往常一樣撰寫他的回憶錄。論者以爲，這天標幟著現代法國「戴高樂時代」的結束。法國媒體更半譏諷的報導，這天是戴高樂將軍（法國人習慣稱他爲「將軍」而不稱「總統」）第二次的死亡！

◀在法國人眼中，戴高樂在一九四〇年代拯救了法國的榮譽。

最早獲悉噩耗的是他故鄉科龍貝市的市長。龐畢度總統於次日早晨八點半得悉此事。中午，他透過電視向法國人民發表如下的唁文：

「戴高樂將軍逝世了。法國如喪考妣。一九四〇年，戴高樂將軍拯救了我們的榮譽；一九四四年，他領導我們走向光復和勝利；一九五八年，他把我們從內戰的威脅中救出；他使今天的法國有了自己的制度、獨立、和國際地位。」

一般認爲，後項成就乃是當代法國史上一項極重要的內涵——所謂的「戴高樂主義」，不僅他的後繼者龐畢度、季斯卡將它奉爲圭臬；時至今日，就算是當年左派的政治宿敵密特朗總統亦奉行不渝！至於他的辭世眞的就標示著一個時代的結束嗎？後世分析家的看法則認爲，一九七四年四月，龐畢度任內猝逝，才能算是戰後「戴高樂時代」的休止符。因爲龐氏終其一生的最大功績就是忠實襄佐戴氏，繼位後亦公開高舉「延續」的施政理念！

過去一直有人將戴高樂的下台視爲一九六八年學運的重大結果。事實卻不然。戴氏不但平安順利的度過學運危機，還在隨後的國會改選中囊括了百分之七四的席位。六九年元月在突然做出下野決定的前三個月，他還公開表明一定會做滿第二任總統任期（至七一年十二月）。四月，他提出上院選舉改革方案（事實上這乃是一連串回應六八年社會改革呼籲的主動做法之一），並且直接透過公民複決方式裁定。結果該方案未獲過半數選民支持。戴氏一時之間可能感受到民氣已轉以及時不我予。第二天，在無任何法律約束下毅然自簽辭呈，結束了他與法國政治的一生淵源。

學運前的西歐社會

一九六四年，西方馬克思主義（簡稱新馬主義）法蘭克福學派理論大家馬爾庫斯（H. Marcuse，或譯馬庫色）在美國發表著名的《單向度的人——對先進工業國家的意識形態之研究》一書，頓時在西方知識界與學生圈引起重大回響。他一針見血的抨擊當時先進國家的「富裕社會」乃是一種「病態社會」。由於科學技術的高度發展，當代社會不僅利用先進的技術手段控制社會物質生產的一切過程，而且加強了對人的心理、意識的操縱和控制，使人們徹底屈服於社會總體需要，人因此喪失了理解、自由、美和生活的歡樂等習慣；人變成了單向度的人，這是對人的本性的摧殘！

馬爾庫斯進而提出治療現代病態社會的藥方，就是所謂的「本能革命」或經由經濟、政治、文化、精神齊頭並進的改革。論者以爲，馬氏對當時西方社會的批判是六〇年代後半期西方學運的重要依據。

沙特則從哲學思考的角度，提出以「人」爲主體的存在哲學，也間接地造成對當時社會的批判。他說，存在主義者所說的「存在」，不是指一般的存在，而是指個人的存在。又說：宇宙間只有人才是眞正的存在。人的存在先於本質。人存在的意義不取決於他物、他人，而是人自己自由解釋、設計、選擇和創造的，人應當負起自己存在的責任。沙特的學說可說完全說出了戰後（尤其是六〇年代）冷戰、意識形態對峙、機械化、程式化、都市化、消費化、單調化社會的反抗心聲。此時配上法蘭西社會裡特有的大師崇拜情結與激情情緒。使他自然而然成了當時社會不滿一代的代言人。此外，沙特亦受當時新左派觀點影響，一九六〇年他出版《辯證理性的批判》一書，企圖把存在主義與馬克思主義結爲一體。雖然並不成功，但對當時社會的左翼思想卻起了極大鼓動作用。而沙特本人更是一個行動派的哲學家，他強調「介入」(engagement)，並鼓吹一個暴力的、淨化的和全面性的革命。

六〇年代年輕知識分子、學生、甚至部分藍領工人階級的反叛並不只限於法國，更早它始於柏林和美國加州的伯克萊，傳至倫敦、巴黎，甚至影響到義大利、日本、拉丁美洲，以及南斯拉夫、捷克等鐵幕國家之內。雖然個別的學運在各國教育、社會、政治造成迥然不同程度的影響，不過卻以六八年五月的巴黎學運最具原型與影響。當今的歷史研究者已傾向於認爲，它是一種由學生自行引發，略帶嬉戲性、極端放任式的群衆運動。隨後逐漸擴大社會影響，才導致要求其他社會與政治現狀的改革。至於義大利的情況則剛好相反，它的導火線來自當時的社會與政治事件。而德國與英國的學運則完全未觸及社會與政治體制的動搖。

「文化革命」後的省思

六八年的學運至今仍被許多法國的知識界謳歌爲一場

「文化革命」。惟在著名政論家阿宏(R. Aron)眼裡，卻猶如一場心理劇般的「集體發洩」，至於社會學者莫杭(E. Morin)所感受到的則是「仿若一七八九年大革命的社會青少年版」，杜爾蘭(A. Touraine)教授則認定爲「社會青年一種共同的反權威反應」，這項大規模的社會運動確實給往後（尤其是七〇年代的前半期）法國社會和政治帶來極大的震撼及省思。首先便是新人新政及所謂的世代交替。銀行家出身的龐畢度繼任總統，開明派的夏邦—戴瑪(J. Chaban-Delmas)接任總理，一九六九年九月他在國會召開的特別會期上公開批判當時的社會爲一個「封閉的社會」，他要求國會支持他的「新社會」方案。當時整個社會裡的重要試題如：社會流通、勞工待遇、環保、婦女地位、都市化、犯罪率等等都列入改革的項目。並且主動改善與左派在野黨關係，提高最低工資、延長年假爲四周、設立環境部等等具體改革措施。往後的季斯卡政府也延續著這項調適與開放作風：允許滿十八歲青年投票、墮胎合法化、簡化離婚限制、提高生育津貼、成立婦女部、延長失業金爲一年、提高養老金額度、增設殘障津貼，甚至准許發行樂透彩券等等。一九七九年標示現代藝術的龐畢度中心也正式開放。季斯卡更注意自己的親民形象：步行至總統府就職，任內還不時下鄉造訪、探視監獄，甚至請人放慢國歌「馬賽曲」令人血脈賁張的節奏等等。

一九六八年，來自五十三個國家一百位有識之士在義大利成立「羅馬俱樂部」，以期共同關心地球的未來。一九七二年他們委託美國麻省理工學院出版了一份相當悲觀的

◀索忍尼辛的「古拉格群島」六十萬冊法文本極短時間銷售一空。

研究報告：《成長的極限》。第二年，法國人口暨社會學者索維(A. Sauvy)也出書《零成長》。當然七〇年代西歐社會的最大烙印還是經濟危機，乃是由於七三年以色列與阿盟爆發第四回合戰爭所引起的能源危機。西方富裕國家幾乎無一國豁免。七九年的第二次能源危機更是加深了這道裂痕，以致有人喊出「安逸的年代」已經遠去。的確，七〇年代所有的西方國家均以犧牲失業人口來抑制通貨膨脹，並設法維持一定的正數經濟成長。而不斷攀升的失業人口終於成了八〇年代的最大包袱，甚至到九〇年代的今天還都無法消化。

七〇年代的時代特徵

七〇年代不僅是個抑鬱的時代，同時還是個教人殷憂的年代。一九七二年十二月，東西德雙方終於簽下基本條約，這個條約很接近德國和約，論者以為，持續廿七年之久的第二次世界大戰，到此時才算正式宣告終止。美蘇東西集團終於稍加退縮到較務實的立場。一九七四年索忍尼辛出版《古拉格群島》揭發史達林時代慘無人道的集中營生活，六十萬冊法文本極短時間內便銷售一空；一九七六年「偉大的舵手」毛澤東老死；包若望(J. Pasqualini)也出版他的《回憶錄》：《毛澤東的囚犯》。第三世界獨立運動英雄契・格瓦拉(Che Guevara)的神化事蹟也隨著古巴卡斯楚的獨裁而逐漸淡去。阿宏在他的《回憶錄》上寫道：

「七〇年代後半期控制大衆傳播媒體的知識分子已公開放棄半蘇維埃主義。他們有時候繼續支持左派聯盟，但已不再崇拜革命。他們經常寄望於社會主義派，認爲它是唯一能夠藉由左派聯合取代右派多數黨的。」

一九七九年六月，沙特同意與阿宏（他的大學同學兼玩伴，卻是意識形態上的死對頭）一起爲越南海上難民向法國政府請願，伸出更多的人道救助。第二天，數十家報紙一齊刊出這張畫時代「復合」的照片，以爲戰後法國左右兩派意識形態的對峙終告停歇！十二月，蘇軍入侵阿富汗，沙特還拖著老邁病痛的身子大聲譴責蘇聯。隔年三月，他便去世，結束了大師光環四射的一生。晚他三年過世的阿宏很是惋惜的寫道：「我們欣賞他的思想力，但未必贊同他的言論及立場。」又說：「在政府方面，他大膽嘗試錯誤，濫用他犯錯的權利。」

相較於狂飆六〇年代的百家齊鳴（存在主義、結構主義、新馬主義、新浪潮電影、新小說、新戲劇、新批評……），七〇年代的西歐知識界可說是相當沉寂的。只有一九七〇年羅蘭・巴特發表其批判結構主義的評論《S／Z》，提出一套「創造性閱讀」的模式，爲文學的結構主義開創新的欣賞道路：「發揮自己的作用，允許他去領會能指的神奇功能，去領略寫作的樂趣。」還有就是「新小說」和「新浪潮電影」的諸家們繼續展現著他們創作的生命力。至於一九七八年宣告成立的「新史學」，實質上已經不復存有任何「新意」。總之，七〇年代不僅是個等待新的大師的時代，也是諸多舊時大師凋零的時代：阿多諾、雅士培、盧卡奇、畢卡索、霍爾海默、海德格爾、馬爾庫斯、皮亞杰、沙特、拉康、弗洛姆、傅柯、阿爾都塞、巴特……。

「歷史向人們展示的並不是一堆孤立的事實……，它是根據活人的需要來訊問死去的先人。」這是法國年鑑學派史學大家費伯爾(L. Febvre)一九五三年發表的名言。顯然歷史的「橫切面」並不能完整的提供我們全觀式的去「接近」歷史。縱線的研究，尤其是探討現代西方所謂的「時代精神」(Zeitgeist)應更有其必要性！意志創造世界的唯意志主義、行動兌現一切的實用主義、科學依靠革命的科學哲學、存在先於本質、結構決定本質，乃至於解釋也是創造、批判開創未來等等主張，都是認淸西歐當代時代精神不可錯失的項目。當然西歐社會中的多元與容忍更是它孕育思潮的最佳溫床。此點也正是七〇年代「閉關自守」的台灣所痛失者。

第五輯

七〇年代備忘錄

▶余光中的「狼來了」是點燃鄉土文學論戰的主要作品之一。

七〇年代文化十事

／路寒袖

鄉土文學論戰

一九七二年二月及九月，關傑明先後於中國時報「人間副刊」發表〈中國現代詩人的困境〉、〈中國現代詩人的幻境〉兩篇文章，批判現代詩人的過度西化。次年，《文季》創刊，唐文標的〈什麼時代什麼地方什麼人〉、〈詩的沒落〉相繼出現，除與關傑明遙相呼應外，更指摘現代詩人逃避現實的心態，一時詩壇恐慌，紛紛起而辯解，顏元叔稱之爲「唐文標事件」。此一爭論雖因現代詩而起，其實觸探到的是現代文學的本質與意義問題。往後數年文壇陸續傳來零星槍聲，迄至七七年八月，「聯合報」副刊刊登了彭歌的〈不談人性，何有文學〉專文，余光中的〈狼來了〉短文，批判尉天驄、王拓、陳映眞等主張文學爲人生服務，應由鄉土回歸民族主義的現實主義路線，暗藏「階級意識」、「工農兵文學」，正式點燃鄉土文學論戰炮火，許多作家紛紛投入戰場，不少不免落入意識形態、私人恩怨之攻訐。論戰戢息之後，回歸鄉土、關懷本土的主張蔚爲風潮，影響遍及各類藝術的創作與鑑賞。

「中國大陸抗議文學」的勃興

大陸抗議文學是繼一九七四年義大利導演安東尼奧尼的大陸記錄片「中國」，與陳若曦小說《尹縣長》（一九七四至一九七六年）之後，又一次大規模的揭露大陸眞相。

大陸抗議文學於一九七九年，由中國時報「人間副刊」以專輯形式引介給台灣讀者，由於那些文章都發表於大陸地下刊物或官方地方性雜誌，屬第一手資料，故可信度極高；而作者也盡是文革直接或間接的受害者，所寫事跡多爲親身經歷，頗具歷史見證之價値，不少人本身即爲知名作家，是以文筆深刻，眞情流露，動人肺腑。像巴金的〈懷念蕭珊〉、魏京生的〈二十世紀巴士底獄〉……等，皆引起自由世界莫大的震撼。

大陸抗議文學後來集結成《敢有歌吟動地哀》及《九州生氣恃風雷》等書，是探究大陸文革不可或缺的寶貴史料。

保釣運動引起的文化回響

一九六八年十月，聯合國ECAFE（遠東經濟開發委員會）調查研究報告指出：「台海有大油田」，而釣魚台附近的海底蘊藏尤爲豐富，一時引起中日雙方的主權之爭，日本並透過美國託管下的琉球當局，要求對釣魚台列嶼的「剩餘主權」，之後，琉球當局常無理的驅逐我在該島嶼作業的漁船。

釣魚台事件後，立即引起海內外中國人的注意，蟄居

▶保釣運動雖然失敗，卻促使許多青年投身政治的行列。

國外的台灣留學生，於此刻爆發了前所未有的民族主義熱情。

七〇年十二月十九日，美國普林斯頓大學留學生召開座談會，決定舉行示威及募款等事宜，正式展開了「保釣運動」。七一年元月，在普大留學生的策畫下，留美學生分別在舊金山、洛杉磯、紐約、華盛頓、芝加哥、西雅圖等地，舉行全美保釣示威大遊行。七一年四月九日，美國國務院發表聲明，美國政府將於一九七二年將釣魚列嶼交還日本。消息傳出，再次引起中國留學生的憤怒，立刻於次日在美國首都華盛頓舉行二千五百餘人的示威遊行。而台灣的大學生亦紛起抗議美日的私相授受，六月十七日，數百名台大學生在美日簽約的前十二小時到美、日大使館示威，遞交抗議書，「釣魚台是我們的」、「反對美日陰謀」的高亢呼聲不絕於耳。

保釣運動雖然失敗，卻喚起了海外留學生、國內大學生的民族主義，特別在台灣國際人格逐漸消逝的七〇年代，促使許多知識青年轉向投身政治行列，及以實際行動參與社會運動，沈君山甚至將保釣運動比擬爲「七〇年代留學生的五四運動」。

雲門舞集的崛起爲中國舞蹈注入了活力

一九七二年，在紐約習舞的林懷民返台，除在政大授課外，並於文化學院教舞。翌年，林懷民標舉「中國人作曲，中國人編舞，中國人跳給中國人看」的宣言，結合鄭淑姬、何惠楨、吳秀蓮、吳素君、葉台竹、劉紹爐等年輕舞者，創辦了「雲門舞集」。

七三年九月廿九日，雲門在台中中興堂首演，節目包括：盲、風景、夏夜、秋思、運行、烏龍院、眠、閒情。十月二、三日在台北中山堂演出，全場爆滿，造成轟動。七五年，雲門首度出國，赴新加坡、香港公演，深受香港文化界肯定，讚賞雲門是「中華民國二十多年來最重要的文化輸出」。雲門七〇年代的重要舞作尚有：寒食、哪吒、待嫁娘、白蛇傳、現象、小鼓手、吳鳳、薪傳、廖添丁等。

雲門的舞蹈在內容與技巧上，融合了中國與西方，貫通了傳統和現代，爲中國的表演藝術尋獲新的方向，提高了表演藝術的尊嚴，擴大了觀衆的層面。

報紙副刊型式的轉變與內容的突破

「中國時報」自七〇年代起，董事長余紀忠先生有感於社會發展已跨進新的歷史期，文化發展蘊蓄新的內涵、動力與趨勢，決定大舉改革副刊編輯方針，從而強化「人間副刊」編輯陣容，展現新的編輯路向。乃聘請高信疆入主「人間副刊」，在其經營下，「人間副刊」展現出前所未有的新風貌，其特點至少有下列數項：

一、主動性的策畫編輯：「人間副刊」強調編輯人要有自己的意識和理念，一改傳統副刊編輯等待投稿的被動地位，打開了副刊文章來源的多樣性空間，所策畫的「現實的邊緣」、「報導文學系列」、「文化中國特輯」等等，帶領了副刊編輯走向一嶄新的境地。

二、新聞性的副刊：在前一原則下，首重副刊與社會

▶洪通的素人畫對當時的台灣畫壇起了正面的衝擊作用。

脈動同步。文化活動的追蹤報導亦是一大特色，如雲門舞集、雅音小集、民歌等皆爲經常報導的對象。洪通、朱銘更是因爲「人間」的報導，而引起社會的狂熱。

三、多元化的副刊：除大量刊載嚴肅文學作品外，並兼及知識性、思想性的論述，而報導文學的推動則爲一大貢獻。另外亦在版面舉辦攝影展、版面設計大展。

四、版面的視覺革命：「人間副刊」開風氣之先，在版面編排上引進美術設計觀念，一九七三年五月首度出現了圓曲線條的版面設計。

五、重視人格典型的發掘及介紹：「我的第一步」專欄、吳魯芹的「我談我訪我喜愛的當代英美名家」系列、「面對世紀人物」專欄、「江湖人物誌」專欄……，使「人間副刊」充滿對人的關懷與熱情。

「人間副刊」的突破性編輯理念，爲報紙開拓了另一個發揮社會公器的空間，同時帶動了七〇年代後期台灣各報副刊革新的風潮，更爲台灣民間文化的勃興投下活化的激素。

洪通畫展引起的震撼

洪通原只是台南縣北門鄉南鯤鯓的一個窮苦潦倒的老人，在村人眼中，他不事生產，好吃懶做，五十歲開始瘋狂的迷醉於繪畫之後,更被視爲瘋子,他的畫被當成是「畫符仔」。

一九七二年五月，中國時報「人間副刊」刊載了國內第一篇介紹與討論洪通的文章〈洪通的世界〉，隔年四月，

◀作家古蒙仁是七〇年代報導文學健將。

《雄獅美術》製作了「洪通專輯」，雖曾一度造成議論，但大抵僅在畫界。直到七六年三月十二日，在台北美國新聞處舉辦畫展時，「人間副刊」連續六天大篇幅的刊載、報導評介洪通的畫作，於是引發了一股「洪通熱」。

洪通的素人畫色彩鮮艷，構圖大膽，沒有畫理的束縛，筆隨意趣，內容充滿了鄉土的通俗歡樂氣息，對當時台灣過分西化與學術化、匠氣化的畫壇，起了正面的衝擊作用。

報導文學的蔚成風氣

台灣在退出聯合國，與日本斷交，及至七〇年代末與美國斷交等等一連串的外交重挫，開始有意識的回過頭來尋找自己，認識自己的歷史，了解所處的環境。

報導文學正是文字工作者介入社會現實最及時的形式，有鑒於此，中國時報「人間副刊」分別在七五年製作「現實的邊緣」報導文學系列、七八年「報導文學系列」兩大專輯，平時亦常刊載優秀報導文學作品；七八年，第一屆時報文學獎伊始，即只設短篇小說獎與報導文學獎兩項，足見「人間副刊」對報導文學推動之用力。

在「人間副刊」與《漢聲》雜誌（推動報導文學的另一主力）等媒體的倡導下，報導文學一經播種即蓬勃發展，許多年輕作家如胡台麗、邱坤良、奚淞、姚孟嘉、黃永松、林清玄、古蒙仁、李利國、陳銘磻……等，紛紛投入報導的行列，題材已涉及生態環保、民俗戲曲、弱勢族群、傳統建築等，爲八〇年代另一高峰的報導文學奠定了良好的基礎。

學術重鎮多人的逝世

在這十年中，學術文化界的重鎮多人凋零，諸如：唐君毅、方東美、謝幼偉、沈剛伯、兪大綱、李濟、屈萬里、戴君仁等，範疇涵蓋了文、史、哲各層面，這批知識分子心目中的導師的辭世，實爲學界莫大的損失。

他們的人格風範、治學精神、論述著作不僅爲其弟子們樹立良好的圭臬，影響之下更深及八〇年代，甚至九〇年的青年學子，例如，唐君毅、方東美之於中國哲學，屈萬里、戴君仁之於國學，兪大綱之於傳統戲劇藝術，李濟之於田野調查。

他們既是經師，也是人師，然而更重要的是，「由西化的潮流逐漸回轉至民族主義」（曾昭旭語），此一思想潮流的回轉，事實上結合了台灣在國際地位上的挫折，以及島內政治的潛動，觀之同是「文化十事」中的：鄉土文學論戰、雲門舞集的崛起、唱自己的歌……等，皆可尋其脈絡根源。

唱自己的歌

一九七五年六月六日，台大學生楊弦舉辦了一場個人的作品發表會「現代民謠創作演唱會」，譜唱了余光中詩集《白玉苦瓜》中的八首作品，引起觀衆的注意。七六年，楊弦名爲「中國現代民歌集」之首張唱片問世，廣受年輕人喜愛，初版一萬張，三個月內即告售罄。

同年十二月三日，淡江文理學院舉辦的一場以西洋民

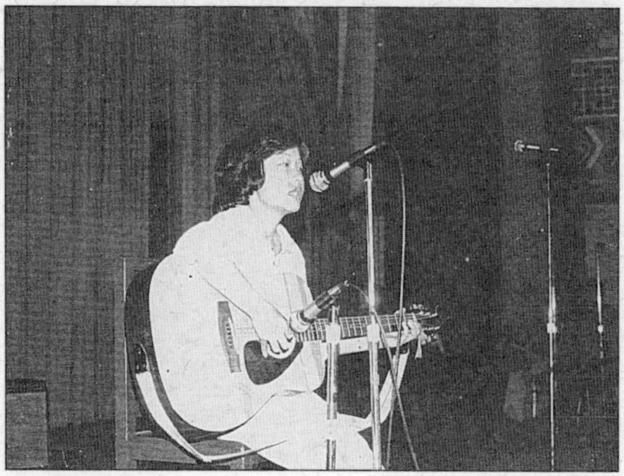

◀七〇年代，楊祖珺以民歌手身份知名於外。

謠爲主的演唱會上，甫自西班牙、美國遊學回國的李雙澤當場質疑：中國人唱洋歌是什麼滋味？但卻被反詰：我們的歌在那裡？這即是民歌運動史中的「淡江事件」，當時的《淡江周刊》曾熱烈的討論了相當長的時間，往後一、二年，文化界亦頻頻展開「唱自己的歌」、「什麼叫民歌」之類的反省與論辯。而李雙澤在事件之後，立即與搭檔梁景峰嘗試創作自己的歌，至七七年九月在淡水海邊因救人而滅頂，李雙澤參與創作完成的作品有「我知道」、「美麗島」、「少年中國」、「愚公移山」等九首。

同爲民歌運動的兩大波，李雙澤與楊弦相比，前者著重於年輕一代的處境的思索，且具有社會意識與歷史反省。而眞正將此一理念落實行動的是楊祖珺，她在七八年舉辦了「青草地演唱會」，爲雛妓服務籌募基金，那是台灣第一次露天的大規模演唱會，盛況空前，也是台灣第一次由知識青年結合社會大衆所作的社會服務。往後，楊祖珺陸續到全省各地的校園、工廠演唱「創作民歌」，推展「唱自己的歌」運動。

在七〇年代，民歌運動雖尚在起步，格局亦小，但卻是台灣尋找主體性浪潮中的一大支流，與其他運動產生了共鳴共振的效應。

漢聲雜誌十年來的努力與收穫

以吳美雲、黃永松、姚孟嘉、奚淞爲主幹的《漢聲》雜誌，英文版(ECHO)創刊於一九七一年，中文版則在一九七八年創刊。《漢聲》(中文版) 雖然出刊不多，然而每期（有時兩期）選定一個主題，廣泛蒐集資料，深入報導，再加上精緻繁富的美工設計，在七〇年代可謂獨樹一幟，吸引了廣大的讀者。

《漢聲》深具前瞻與開拓的性格，由底下數例可得印證：中文版第一期爲「中國攝影專輯」，介紹了中國攝影的發展、攝影社團、新聞攝影、老爺相機、攝影器材公司及郎靜山其人其作品等。第三、四期「中國童玩專輯」，製作時間長達八年，其豐富的內容促成了全亞洲第一座的兒童博物館。第五、六期是「國民旅遊專輯」，不僅教導國人如何旅遊，更灌輸民衆先認識台灣的山、海、森林和野生動物，進而關愛台灣的自然環境和資源。第十、十一期的「古蹟之旅」，全面性的報導台灣古蹟，並主辦「大家來尋找台北古城」。

《漢聲》深入民間進行田野採訪，挖掘、整理、重現民俗（如中國童玩、中國結等），不僅記錄保存了部分的文化資產，並首開報導文學、報導攝影風氣之先河，「國民旅遊專輯」因而獲第二屆時報文學獎「報導文學推薦獎」，實爲文化界對《漢聲》的肯定。

▶「漢聲」深具前瞻與開拓性格，吸引了廣大讀者。

註：本文乃根據「人間副刊」在一九八〇年二月製作的「風雲十年—文化十事·文化十人」特輯，委由一百位文化界人士票選之十事，略記始末，俾令讀者參考。

▶「精武門」鼓吹一種空手隻拳打天下的神話。

電影院給你爽

／井迎瑞

七〇年代台灣的大學校園是不看國片的（那時稱爲國語片），我喜歡「精武門」這部電影在當時是件很沒面子的事，一方面那時國語片的水平自國泰、國聯、聯邦之後似乎走入了一個低潮，的確也是乏善可陳，一方面是台灣自五〇年代高壓統治之後到了七〇年代大家變得崇洋得要死，因爲崇洋比較安全，文藝的走向與風氣盡是脫離現實，去追求一些遙不可及卻又似是而非的洋玩意兒。七〇年代後期的鄉土文學、八〇年代的台灣新電影開拓對整個時代與現實做反省，其實都是一種歷史的必然。

當時喜歡「精武門」也沒有什麼大道理，只覺得它好看，過癮，一方面是打得過癮，那種動作是以前武打片所沒見過的，招招結實，招招擊中要害，在當時日常生活裡電影看的是軟綿綿的「三廳」電影，電視看的是聯播與文告，或是開會與官員視察，學校裡每學期第一課總是要讀偉人的文選，盡是一些不痛不癢，連篇不中的東西，想看看《時代周刊》但是總會有檢查單位把「成人不宜」的部分用黑筆塗掉，一點也無歉意。所以李小龍一拳打出一口鮮血，一掌打爛一嘴牙齒，的確也象徵了七〇年代的一種飢渴。另一方面七〇年代是處在一個「國際姑息主義逆流氾濫」的時代裡，李小龍一會兒打日本人，一會兒砸「狗與華人不得入內」的牌子，連看少棒轉播都會哭的我能不喜歡嗎？

人總是事後聰明，隨著年紀的增長，我也逐漸明白了「電影院給你爽」的道理，多年後的今天我仍可把「精武門」當成一本教材般地反覆咀嚼：七〇年代的台灣已由農業社會逐漸轉型爲工業社會，加工出口區在台灣各地已普遍建立，政策上必需抑農扶工，迫使農村的勞動人口流向工廠，流向都市。以往人與土地的關係，人與家庭、鄰里的關係都被打破，勞動力都變成另一種可以計價，可以買賣，可以就業的個體，一個個游離的自由人，這符合了企業主的需要，也符合了時代的需要，七〇年代個人主義是受到鼓勵的，「精武門」中鼓吹一個人可以赤手空拳打天下，一個個體可以成就功名事業是七〇年代典型的神話。

七〇年代的台北電影野史

／羅維明

我在台北看的第一部電影好像是史丹利寇比力克的《二〇〇一年太空漫遊》，在七〇年代初，在木柵，道南橋旁一家小戲院。戲院不久便改建成貨倉，多年後又改建成爲尼庵，當時觀衆只有三個，也不知道那是不是它最後一場電影，只覺得在這麼破舊的鄉郊小戲院看這種聲光科技先進的影片眞是格格不入；但十多年後想，這未嘗不是一個很好的象徵，是七〇年代初台北電影環境的一個寫照。

七〇年代最初四年，我住在台北、在木柵、在山明水秀的政大過我的田園生活，每天遊山玩水，嘗試讀書寫作，日子過得好得不能再好，唯一美中不足的是：好電影能看到的並不多：柏格曼的「處女之泉」及「野草莓」、安東尼奧尼的「慾海含羞花」、費里尼的「愛情神話」、維斯康堤的「納粹狂魔」及「魂斷威尼斯」，加起來便是我當時全部的歐陸電影經驗。高達的電影長個什麼樣子，只能靠已經停刊了的《劇場》的介紹來猜測。有一天看見景美有一家戲院宣傳正在放映的電影便是高達的作品，自然驚喜莫名，先睹爲快，但除了看到精彩的「挿片」外，就只看到一堆畫面分割不知所云的鏡頭，若干年後當然知道受騙，但當時走出戲院，大家面面相覷，還認眞地問：這眞的是高達的作品嗎？廿年後回想，也虧電影老闆想得出，當年的電影廣告雖然充斥不少這類騙局（來路不明的影片經常說成是坎城影展得獎作），但像他這般有文化，竟然知道高達是誰，實在是台北電影環境另一個好象徵。

當時的電影文化界也有許多怪現象，把譯來的文章當做自己的創作、靠一兩本Cinema One出版的電影人物叢書及《Sight & Sound》季刊的文章，便可以下筆萬言，洋洋灑灑地介紹某個大師風格——但片子卻沒有看過幾部。廿年後回想，當時這些生花妙筆，煽風點火，還是成就了一代的熱鬧，實在可圈可點。

不過，七〇年代最令人氣憤的一次觀影經驗還是要數米克尼高斯的「二十二支隊」，全片給修剪得支離破碎，對白譯得離題萬丈，還加上許多莫名其妙的字幕，強調空軍保家衛國精神之類的話，絕對是七〇年代台北電影環境的上佳寫照。

但當時還是有一些至今仍然令人心頭暖暖的回憶，我在學校放映維斯康堤的「納粹狂魔」，來看的人太多，要臨時加映一場，親自帶機器來放映的「台映」老闆說：「只要炭精夠便行！」也不另收加映費用。這樣的好人，不知道現在還有沒有。

處女之泉

／李道明

一九七一年秋，我進入台大就讀，很快就認識一批電影發燒友，籌設電影社。但學校課外活動組以同性質社團不得重複設立爲理由，批駁成立電影社，使我們只得借在視聽社的名義下成立電影組辦活動。

我們辦的活動之一，就是第一屆台大電影節。在當時，我們只知道師大辦過電影節，以維斯康堤的「洛可兄弟」作爲首映影片。我們能找到什麼影片來打響第一砲呢？

剛好一位商學院的學姊蘇昭儀想到她姊夫（？）的電影發行公司手上一直有一部推銷不出去的片子「處女之泉」。這當然是令衆人震驚的一件事。爲了確定這部「處女之泉」的確是瑞典導演柏格曼的作品，而不是當時台灣片商流行以爛片魚目混珠的別的片子，衆人還特地到西門町的發行公司去看影片的宣材。

現在的年輕一代也許很難想像在七〇年代初，想在台灣看到歐美的藝術電影有多困難。所以，有了「處女之泉」，我們就好比中了愛國獎券的頭獎！蘇昭儀不但幫我們找到了「處女之泉」，更找來了一本談柏格曼的英文電影專書，翻譯了有關影片和導演的資料，用鋼版刻印成四大張節目單。

在耕莘文教院的禮堂放映「處女之泉」時，氣氛十分肅穆，和影片的調子很配。我只記得當時還蠻擔心耕莘的人是否會對影片的內容有意見。

「處女之泉」在台大電影節放映之後，成了台灣各大學及試片間流通很廣的「地下電影」。七〇年代的電影發燒友，應當每個人都看過這部片子才對。

玉樓春曉

／平路

「時間像一場夢，短暫的剎那你是我的，……誰知道那是眞的？抑或是我們倆都夢到的？」

主題曲叫作「Interlude」，也是電影的英文名字，用暗啞的聲音唱來，有股特殊的蠱惑。到現在閉上眼睛，還一字一句的響在耳邊。此外，大概是一部劇情其實平常的電影，平常的婚外情。奧斯卡華納男主角，風度翩翩的音樂指揮。作爲第三者的女主角當然痴心，卻在衡量情勢後自動退讓。關鍵的對白是：

「我想嫁給你，但我只是不想成爲你的太太。……我正愛著你，可是我不要讓它成爲眞的。」

果然不像是眞的，劇終時男主角的婚姻無恙，第三者的女主角找到貼切的歸宿，兩人再見面時還有餘情。除了淡淡的惆悵，沒有人受到傷害！七〇年代，我所臆想的世界就是這樣，顯然還未預見到男女關係的陷阱不在傷害，卻在它必然敗壞荒蕪。我們永恆的敵人總是時間，時間也讓我十分健忘，甚至記不得當年爲什麼一往情深——那麼喜歡這部電影？

我更希望大聲說的，是我當年就有那樣的睿智，早早就了悟到感情只是剎那，閉起眼睛的一瞬相信過：「短暫的剎那你是我的」……

問題是，當時我眞的知道？抑或都是我在廿年後的補白？問題是，……我也一樣都想不起來了。

小妖女

／李泳泉

那個年代，懵懂而尷尬。

在台大視聽社，看電影竟然可以是一門學問。台映、永安試片室，成爲我們虛榮的國度和夢幻的樂園。往往因爲對某些影片英雄所見略同而沾沾自喜，或者對某些影片一籌莫展而心虛不已。那個年代，看電影彷彿朝聖……。

一九七六年，我在善化服役，常隻身到台南麗都戲院趕早場的「完整版藝術片」，在稀稀落落、醉翁之意的觀衆當中，我總是偷窺般臉紅氣喘。正是在這種忐忑不安中，我進入「小妖女」(Don't Look Now)的世界裡：一對夫婦試圖忘卻幼女溺斃的苦痛，來到威尼斯，遇見一位靈媒，隱約透露著他們幻女的警訊，卻仍一步一步趨近無以遁逃的宿命悲劇。鬱寂的水都、灰天、黑水、暗巷，紅色的小雨衣，碎裂的玻璃，沙啞的嗓音，眩搖的鏡頭……，在我內心悶騷翻攪中，劇終。全場僅剩二位呼呼大睡的觀衆。我步出戲院，在南台灣白花花的陽光中，恍如隔世。大學時代生吞活剝的「教義」已然拋諸腦後。我又重溫年少時的觀影經驗，那樣刻骨銘心，那樣藕斷絲連。

「小妖女」（一九七三）拍成迄今，匆匆已過了二十年。

亂世兒女

／王墨林

在嘉義長大的我，是從台語片開始進入電影世界的，小白光演的「五虎平西」、「狄青大戰八寶公主」等歌仔戲電影，至今還有一些畫面隨時可以在眼簾前顯影。除了台語片，還看了不少蕭芳芳、陳寶珠的武俠片，電影畫面上都會出現動畫般的「吐劍光」。在那個戒嚴年代的電影，我們從中看到許多事物的好壞是立即可以判斷出來的，人們不容易懷疑眞理的合法性；大家活得太安穩了。

七〇年代正是在我的成長中，想要從那個安穩的心靈世界出走的階段，通過什麼「紐約派」、「憤怒派」、「新寫實主義」這些電影，很容易把生命的問題都歸結到「人是孤獨的」這個老掉大牙的哲學命題上。有一次，看到史丹利寇柏克的「亂世兒女」(Barry Lyndon)時，其中一句旁白說：「假如他不潑灑的話，他將不會改變自己的命運，他天生注定是要流浪一生」，又讓我好像把自己的生命推落到一個更深層的情境上；「荒謬」其實就是生命情境的反映吧！

七〇年代，許多文藝青年從外國電影中找到與生命對話的管道，然而，在戒嚴令下，主體思想被閹割，也只有這樣才能找到一條與生命對話的迴路吧？

我的啓蒙電影——「小巨人」

／吳其諺

美國西部、馬車、騎兵隊、紅番、約翰韋恩、詹姆士史都華、槍戰、對決、死亡。這些都是從童年開始看電影，最爲深刻的記憶之一。在兒童時期單純的心靈中，善與惡就像黑與白那麼分明。那時與鄰居小孩的遊戲中，都會有意的模仿英勇的騎兵隊，追殺紅番，然後像卡士達將軍在小大角之役，壯烈成仁。後來雖然在國文課本讀到太原五百完人的事蹟，但是勞勃蕭所飾演的卡士達，其英姿雄風的形象，老是遮住課本裡的僵硬文字。

好萊塢的西部神話，每個人破解的方式不見得一樣。我是在大學二年級時，在參加救國團冬令活動的歸途中，意外的看了「小巨人」之後，才萌生今天所謂的「政治上正確」的意識形態。「小巨人」雖然是亞瑟潘（Arthur Penn）一九七〇年的作品，我在台灣卻是一九七三年初才在台中的戲院（應該是「聯美」?）看到。當時似乎世界的文化潮流，來台灣都會遲到。

演「小巨人」的達斯汀霍夫曼，在這部片子之前的兩部作品「畢業生」及「午夜牛郎」，當年在台灣都被禁映。幸虧「小巨人」將主題置於紅番（當年台灣只有「山胞」，尚沒有「原住民」的問題），所以它的顚覆性，沒有被檢查單位看出來。

這部影片對我的啓發及影響，有很多是在日後才明朗的。例如在九〇年代參加「反軍人干政」的遊行，便是在「小巨人」中，看到我曾經崇仰的卡士達將軍可怕的黑暗面。我的七〇年代，便在這部片子所帶來的權威神話瓦解中展開。

▶義大利著名導演費里尼(右)，在七〇年代受到台灣知識分子的喜愛。

母子淚

／李幼新

說到喜歡的電影，演員／明星是奧黛麗・赫本，電影則以雷奈的「穆里愛」與費里尼的「愛情神話」是我彩色劇情長片的最愛。只因神往「去年在馬倫巴」與「八又二分之一」，有緣見識安東尼奧尼的「蝕」（「慾海含羞花」）竟不知珍惜，就像早在一九七二年初遇吳正桓或吳其諺卻要多年後才生敬慕之意。

一九七二年十月十七日看了朱爾斯・達辛導演的「母子淚」（Promise at Dawn）而一往情深，既愛非主流奇葩又向來缺乏自信，幸虧李道明等人編寫的電影刊物把它選入年度十大佳片，我才敢於跨校搞奇片共賞，齊隆壬、吳永毅、楊松鋒以及外校同好劉森堯、舒國治、李泳泉、卓明、王墨林、黃承晃、劉靜敏、趙正人、廖咸浩……，都是那個時期結交的青年才俊。

回想起來大吃一驚，「母子淚」早已涵蓋了我近年沉醉的男同性戀（戀母情結）、女性獨立自主（單親家庭）、少數民族、雷奈／費里尼意識流……等素材。當初喜歡則是幼時（一九六二年十月十二日）讀到原著小說譯文的感動以及電影讓人微笑與熱淚的魅力。「達辛之於雷奈、費里尼，恰似都德之於沙特、羅素。後來才知道達辛與約瑟夫・

羅西、卓別林都受過美國黑名單的政治迫害而流亡歐洲。」

▶秦漢是「二林二秦」時代的男主角之一。

夢幻話影

／齊隆壬

七〇年代初，我離開灰調的南陽街轉向大學，這時正值越戰、人權、嬉痞的年代，此地大學生正以留長髮、穿T恤和喇叭牛仔褲、聽美軍電台搖滾樂爲尙，女生則腳踩麵包鞋。共同點都是不多談「政治」，不甚聽「靡靡之音」，不屑看二林二秦的瓊瑤式「國片」，否則連馬子都可能把不到；劉派大當家導演爲此就曾在報上放話：電影不是拍給大學生看的，而是給女工、髮姐。這眞是一個夢幻年代。

我喜歡上電影大概在大三，夏夜一晚在淡水小鎭一戲院看名著《唐吉訶德》改編的電影，久久不能自已。當然受同班同學李幼新的拉拔不在話下。李君從高中就開始從影，收集工夫一流，精通中（注音）、英、法、日文，當時就有「電影字典」稱號。且常自稱是電影的皮條客，其頭髮、衣著、背包幾乎二十年不變。

影痴最常聚集的場所是漢口街的台映試片間，出入的有台大、師大、淡江、文化、世新等各路人馬，看過的好片有：「愛情神話」、「處女之泉」、「青樓怨婦」、「切腹」、「怪談」等。而在大家手邊轉的雜誌則是《劇場》、《影響》。

七〇年代中期畢業後即投入拍片工作，與二林二秦合作，當的是場記、助導。有次爲永昇拍片，另一組拍甄珍

◀七〇年代侯孝賢曾在愛情文藝片做過副導、編劇的工作。

戲的是侯孝賢（副導、編劇）、陳坤厚（攝影）、張華坤（道具），八〇年代台灣新電影即由他們而起。七〇年代後期我往法國學電影，最大收穫是看遍無數經典名片，特別是二〇年代的默片，讓人有無法超越的識見，而巴黎就像電影的超級市場，永遠讓影痴流連忘返。

▶羅大佑曾組過「羅克士合唱團。」

七〇年代青春組曲

／余光

對我而言，七〇年代不只是一首歌曲，而是整個世代年輕人青春與野性的和絃，一整組血氣方剛的時代音符在尋找屬於自己的音域。

七〇年代中，我對熱門歌曲的喜好已走向職業，自七一年起開始在台視周六、日的黃金時段製作並主持「青春旋律」，除了舉辦本地的演唱會，更爲發掘歌手而穿梭在台北夜生活的燈影歌聲中。

因台北林口與台中清泉崗爲當時的美軍駐在地，致使西洋歌曲流行於北、中兩地，一批新興的年輕歌手與樂團隨勢而出，以美軍俱樂部、西餐廳爲舞台，演唱西洋歌曲，比莉、崔苔菁、黃鶯鶯、蘇芮……，先後都曾在美軍俱樂部、西餐廳駐唱。當時大家只醉心於詮釋西洋歌曲、模仿西洋歌曲的演風格，因而缺乏屬於本土的熱門音樂創作。

七〇年代是一個音樂盛世的起點，彼時曾受過西洋音樂洗禮的人，後來都成爲國語歌壇的實力派重鎮。而九〇年代的重要音樂工作者，諸如：陳志遠曾是陽光合唱團的琴鍵手、羅大佑當時組了羅克士合唱團、譚健常是愛克遜合唱團成員，現與小軒是國語歌壇最好的詞曲搭檔……。

在七〇年代熱鬧豐富的夜晚，所有投身西洋歌曲的歌者，個個摩拳擦掌，等待一鳴驚人。雖然許多當時的合唱團體早已不爲人知，雷蒙、電星、石器時代、水晶、鵝媽媽、旋律、陽光……，像彗星畫過七〇年代的夜空，卻留下一個世代的光與熱。

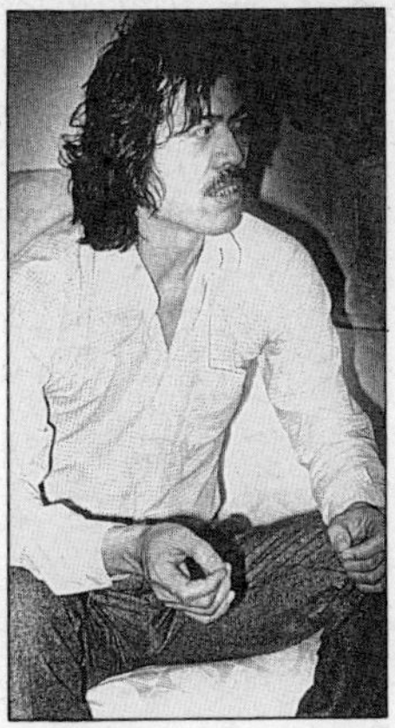

▶李泰祥的「橄欖樹」風靡海內外華人社會。

答案在那裡？

／陶曉清

天上的星星，爲何像人群一般的擁擠呢？
地上的人們，爲何又像星星一樣的疏遠？

這是羅青的詞，李泰祥譜曲，齊豫演唱的「答案」，收錄在齊豫個人的第一張專集「橄欖樹」中。在歌曲在電台播出還必須通過審查的那個年代，據說這首歌送了兩次才通過，因爲歌名叫「答案」，歌詞卻只有兩句問話。我喜歡這簡單又深入的歌詞，容許你有廣大的想像空間，李泰祥的曲頗有歌仔戲哭調的味道，但若沒有齊豫那麼出色的歌聲，它不會有那麼迷人的風韻。我曾在一次音樂會中，聽過李建復演唱此曲，男聲來唱另有風情。近年不少人重唱校園民歌，希望如「答案」這樣的佳作，能常常被重唱，以便當年沒趕上的現代青少年，有機會聽到這樣的好歌。

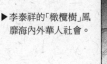

歡鑼喜鼓的「廟會」

／李潼

七〇年代的台灣歌謠市場，幾乎是「現代民歌」或「校園歌曲」的天下。十幾二十年後，再來回看聆聽，那些清新小品或雄渾壯氣的大作，還眞有些可以留得下來的。

在朋友和自己的作品當中，對於「廟會」這首歌，一直比較偏愛。這首歌的旋律和調子，簡單而容易上口，歌詞對廟會意象的呈現，緊密而準確，詞曲搭配無間，氣氛飽滿。十五年來，這首歌還能超性別、超年齡、超宗教的被人在婚喪喜慶、街頭密室傳唱，除了易懂易學，想是詞曲傳達的某些情感，也有觸動人心之處。

「廟會」的創作時代，正是官方文宣撻伐宗教爲迷信最熾烈的七〇年代，而這首歌的安詳和喜氣，對宗教之美，另有讚揚；對於宗教的原始精神，敢於揭示；對於「廟會」活動安撫人心，創造共同經驗或創造團圓機會的作用，給予肯定，它讓逐漸厭倦參加政治性大拜拜的新生代，高唱之餘，覺得踏實且溫暖，尤其是大量離開鄉鎭到都會求學就業的青年，多了個心靈泊靠的堤岸。

▶民歌手蔡琴因「恰似你的溫柔」而走紅。

蔡琴路一段

／蔡琴

民國六十到七十年之間，台北某一個角落默默地有了一條新的小路，叫「蔡琴路一段」。

楊弦唱到那裡，我就跟在那裡。雖然心中不完全認同大部分在舞台上的大學生歌手，唱國語歌都故意把字咬得像老美說中文的調調……，但是他們簡單直接的表演方式也直接震撼著當時年輕的我。我愛聽每一首他們自己努力作出來的創作歌曲，其間也夾雜著「燒肉粽」、「釵頭鳳」……，台上台下都知道我們在做同一件事——找自己的路出來。

不知道將來會唸「實踐專校」，但那場演唱會在「實踐」。我從內湖騎單車到大直，躲在大禮堂的人潮裡聽吳楚楚唱「好了歌」、趙樹海唱「子夜徘徊」……。散場了，他們走校門口邊邊的一條小路，有一個傻女生就推著單車遠遠地跟在他們的背後，我聽不清楚他們談笑些什麼，可是這樣最好！我只是要跟他們走在同一條路上。陳屏把吉他反扛在肩上，趙樹海說話指天畫地……，一排歌手的影子長長的斜拖到我榮幸的腳尖上。如今有人已是唱片界舉足輕重的老闆，有人成了金鐘名主持，有人早已銷聲匿跡……。也許那天晚上他們只是扯些閒笑話、談趕場、論馬子……。但是，那個披星戴月的夜晚，讓一顆年輕的心情悄悄地許了願。我的歌早已在這天晚上譜寫完成，要用此生不停的唱它。

後來考上的就是「實踐」，上學放學走的都是這條路，同學戲稱它叫「蔡琴路一段」。

樹上的水仙和睡蓮

／蔡康永

逼真的謠言是一直有的，關於生命的門、生命的鎖、生命的圍籬等等。

然而多半的生命，是沒有門與籬的，是任人來去的；是你自己也常常不在的。

很多人來過了，有的和你點個頭、有的和你戀個愛、有的就在你的樹上畫畫刮刮、刻一個「到此一遊」，然而你不知道。樹慢慢長大了、衰老了，那些小刀刻的名字和樹的皮膚，一起承擔時間的拉扯，漸漸模糊掉，變成一張淡漠的、在你生命背後的臉。

我手裡拿著劉文正的唱片，一九七六年，歌林唱片公司。封面劉文正的上半身照片，穿BANG BANG的黑牛仔布飛行員裝，胸口拉鍊開到畫面以外，露出頸上一截烏木鑲金的頸飾，頭戴草帽，肩與髮腳泛柔光，冷著臉。

這張唱片的一首主打歌叫「睡蓮」，李達濤作曲、黃以功作詞——「你是朵瑩潔的睡蓮、漂浮在青春的水面、我是如此、如此地羞見，羞見你、滑落綠波間。」

那時我十四歲，沒有遇見其他頹廢、自戀、爲愛與死瘋魔的人；沒有聽人談論頹廢、自戀、爲愛與死瘋魔的事情。我聽著劉文正的「睡蓮」、看著劉文正的唱片封面，沉靜了下來，像沒辦法毒死自己的毒蛇，被柔靡的笛聲所安撫。

公開的聖歌、隱祕的信徒。

雖然後來很快就不再膜拜，也已經可以被列入初級的幸福了。

睡蓮、和水仙、和樹。

梅花

／陳雨航

「梅花」出現在七〇年代中期，流行的範圍及層面之廣，令人驚訝。從城市到鄉村，從廟堂到市井，已不只是「有自來水處就有『梅花』」了，而大小型的「政治型」聯歡晚會，也特別愛唱它，最典型的景象就是晚會即將結束，主持人將氣氛帶入高潮，全體起立高唱「梅花」，電視鏡頭掃過去，前排的黨政要員、貴賓，後面的群衆，大家一面唱著，一面舞動手中的小塑膠國旗。

當時有人說它是「亡國之音」，我倒不這樣認爲，多唱幾遍「梅花」是不會亡國的，如同多唱幾遍它也不能救國一般。亡國或救國恐怕還得做很多事才行。

我不喜歡「梅花」（我寧可唱「國旗歌」），但這已無關緊要，它最流行的時候幾乎使我們無所逃於天地之間。最後，就像你會不知不覺間在下意識中哼唱疲勞轟炸的廣告歌曲一般，我有幾次在無奈中發覺剛才在腦海裡流轉的旋律正是「梅花」。

八、九〇年代之際崛起的小說家林宜澐筆下有一個「經典場面」——以「梅花」進行曲爲掩護，歌舞團的十七個女團員全部一絲不掛地踏著步伐出場……，令人印象深刻。

不死的科學小飛俠

／晏山農

那是日本的神怪卡通逐漸取代「清純」如昔的狄斯奈世界的年代！

大概是七七年以後，在南宮博士的領導下，鐵雄、大明等四個人的組合聯手攻下台灣的動畫市場，此後「飛呀，飛呀，小飛俠！」的歌聲響徹這塊島嶼的每個角度，飛起了聲光影像的新世代，也觸動了迷戀儂儂、新宿造形的另一波「日本經驗」，即使日後無敵鐵金剛想獨霸武林，卻撼不動科學小飛俠的始祖地位。

對於童年記憶仍黏著於六〇年代的我來說，科學小飛俠的歌聲迅即使我聯想到小飛龍的影像，一句「華達利」的聲聲喚，就是簡單明晰的日本經驗，而小飛龍的造形其後也在「雲州大儒俠」裡以小金剛的面貌復活，而當我驚訝於科學小飛俠竟是第N代的小飛龍時，他已披上科技神話的外衣，影像也由黑白成爲繽紛的彩色，我更由嘉義搬來台北了。此後各種複製的科學小飛俠曾使人倒胃，竟而「他」逐漸消失了。但「他」眞的消失了嗎？

如果您是職棒迷，那麼下回在球場上，當統一獅綽號「小飛俠」的呂文生上場打擊，樂隊奏起科學小飛俠的主題曲時，記憶的聯想就能證明「他」是否還存在。

傳說

/柯翠芬

傳說北方有一首民歌，
只有黃河的肺活量能歌唱；
從青海到黃海，
魚也聽見，龍也聽見。

余光中詞　楊弦曲

一九七八年夏天，我和同班好友一道參加了救國團主辦的文藝營。爲期近一周的活動裡頭，安排的有余光中先生的到訪。余先生在當時已被尊爲文壇祭酒，而彼時的青年學子依然狂熱地愛著詩歌：校園民歌剛開始風起雲湧，整個台灣的政治文化卻都在壓力鍋下激盪難明……

余先生步入課堂的那一剎那，悠悠歌吟倏然響起；離我座位頗爲遙遠的一群學生，不知道是事先排定了還是怎地，手拉著手便將這首「傳說」給唱了出來。是人人耳熟能詳的歌曲，音樂的感染力又著實可驚，整個教室不消多久已經唱成了一片。只剩我一人直兀兀地呆著，模糊地爲那種突兀的禮敬，以及憑空被煽起的愛國情操而困惑。

十五年過去了，少年的生澀無知早已不復存在，那首歌在我腦中卻始終不曾走遠。生根的是它凝聚民族情感的企圖呢，抑或是它象徵過的時代呢？可悲的是歌名本身成了它自身的預言：在時代潮流不肯止息的沖刷之下，那莫名且無稽的鄉愁，那遙遠而無根的文化朝聖，終究只能漸漸地淹遠成……一則傳說。

一九七八年：十三歲的挪威木與十六歲的我

／曾淑美

我曾經擁有一個女孩
十六歲
或者該說
從未單獨旅行
她曾經擁有我
胸罩仍然由媽媽購買
她讓我看她的房間
第一封情書還沒有出現
不是很好嗎？
每年持續長高一・五公分
挪威木
輕微口吃
當我醒來的時候
對世界的看法絕對純粹
我獨自一人
彷彿伸出手指就可以把空氣切開
這隻鳥兒已經飛走了
一九七八年夏天
所以我生起火來

鳳凰樹咳血似地開花
不是很好嗎
十六歲的我與十三歲的歌
挪威木

註：「挪威木」原名Norwegian Wood，是The Beatles在一九六五年出版的歌。

▶「蔣公紀念歌」作詞者是故宮博物院院長秦孝儀。

一首永遠沒學會的暢銷歌曲

／吳念眞

一九七五年四月，一個暴風雨後的清晨，身為安全士官的我覆誦著司令部的指令，說：「蔣總統去世，全軍配帶黑紗……」時，營長只穿內褲從臥室衝出來大叫：「你不要命了，你！你胡說什麼雞巴懶蛋！蔣總統怎麼會死？」

我沒胡說，可是當我打電話給各連做電話記錄時，各連的安全士官一樣膽戰心驚地問我說：「蔣總統怎麼會死？」

一個星期之後，不但所有人都相信這個事實，而且幾乎被備戰、禁假、千篇一律的讀訓，千篇一律的黑白電視節目給搞瘋了，而且更被一首歌給搞瘋了。

那首歌是秦孝儀先生作詞的舊版「蔣公紀念歌」。司令部發下詞譜，要我們馬上轉到各連，而且必須在三天之內「驗收」。

轉發歌詞那天又是我當安全士官，為了爭取時效，我要總機接了個會談電話，三個連的政戰士一起作記錄，先刻鋼版油印歌詞，歌譜由營部統一寫在大字報上教唱。

那天下午我看到某連的士兵拿到的油印紙上，開頭竟是「伊喂總統，武嶺蔣公……」，以及「粉墨蝶兒，躍日星……」，一首莊嚴神聖的歌差點被改成情侶相褒的黃梅調。

那三天營區「弦歌不斷」，但也咒罵連連，兵記不得詞，官罵兵笨，官兵一起罵這歌「寫給博士唱啊！」

三天之後驗收，全營齊唱，記得只唱到「……汾陽子儀，猶當愧其未之能行，以新生活——」之後先是亂成一團，然後全營四百多人沒有一個人記得起正確的詞，於是自動補上一個全休止符。

令人窒息的死寂中，只聽見師主任哀嘆一聲，說：「總統在天上……會哭啊！」，本以爲他會大發雷霆的，豈料，他說：「寫這樣的歌，叫所有人唱，總統在天上，會哭啊！」，然後就走了。

後來這首歌電視天天唱，可是營裡好像沒人唱得全，再唱也老是那幾句「伊喂—總統……」「粉墨蝶兒，躍（耀）日星……」。

聽到的人眞是會流淚的，至於是哭是笑就不知道了。

生活台灣㉗

七〇年代——理想繼續燃燒

編　者——楊澤
發行人——孫思照
出版者——時報文化出版企業有限公司
台北市108和平西路三段二四〇號四F
發行專線——(〇二)三〇六六八四二
讀者服務專線——(〇二)三〇二四〇九四
(如果您對本書品質與服務有任何不滿意的地方，請打這支電話。)
郵撥——〇一〇三八五四～〇時報出版公司
信箱——台北郵政七九～九九信箱

主編——心岱
編輯——路寒袖
美術編輯——張瑜卿
校對——蕭淑芳・王妙如
排版——正豐電腦排版有限公司
製版——高銘印刷有限公司
印刷——協昇印刷有限公司
初版一刷——一九九四年十二月十日
定價——新台幣三五〇元
◎行政院新聞局局版台業字第〇二一一四號

Printed in Taiwan

ISBN 957-13-1474-9

國立中央圖書館出版品預行編目資料

七〇年代．理想繼續燃燒／楊澤主編.--初版
.臺北市 ：時報文化，1994【民 83】
面 ；公分.-- （生活臺灣 ；27）
ISBN 957-13-1475-7 （平 裝）

855　　　　83010800

請沿虛線摺下裝訂，謝謝！

生活台灣

祖先的步履・你我的城市

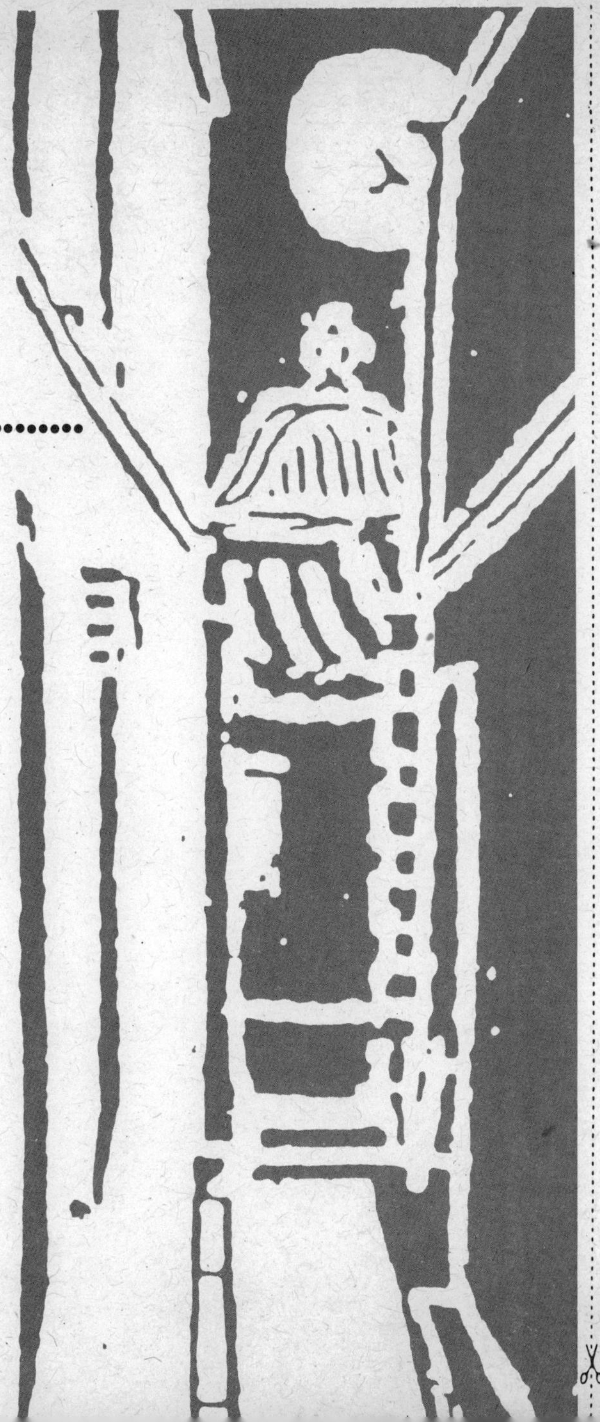

寄回本卡，掌握生活台灣的最新出版訊息

（下列資料請以數字填在每題前之空格處）

______您從哪裏得知本書／
1書店 2報紙廣告 3報紙專欄 4雜誌廣告
5親友介紹 6DM廣告傳單 7其他／______

______您希望我們爲您出版哪一類的作品／
1醫藥 2健康 3食衣住行 4育樂 5休閒
6其他／______

您對本書的意見／
______內容／1滿意 2尚可 3應改進
______編輯／1滿意 2尚可 3應改進
______封面設計／1滿意 2尚可 3應改進
______校對／1滿意 2尚可 3應改進
______定價／1偏低 2適中 3偏高

______您希望我們爲您出版哪一位作者的作品／

1______ 2______ 3______

您的建議／

....

....

....

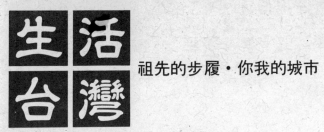

廣　告　回　郵
北區郵政管理局登
記證北台字1500號
免　貼　郵　票

時報出版
CHINA TIMES PUBLISHING COMPANY
釋放智慧與創意的文化事業

地址：台北市108和平西路三段240號４Ｆ
電話：(02)3024094・(02)3086222轉8412～13(企劃部)
郵撥：0103854-0時報出版公司

請寄回這張服務卡(免貼郵票)，您可以
- 隨時收到最新的出版訊息。
- 參加專為您設計的各項回饋優惠活動。

編號：ＣＥ27	書名：七○年代—理想繼續燃燒
姓名：	性別：①男 ②女
出生日期：　年　月　日	身份證字號：

學歷：①小學 ②國中 ③高中 ④大專 ⑤研究所(含以上)

職業：①學生 ②公務(含軍警) ③家管 ④服務 ⑤金融 ⑥製造 ⑦資訊 ⑧大眾傳播 ⑨自由業 ⑩農漁牧 ⑪退休

地址：＿縣＿鄉鎮＿市＿區＿村＿里
＿鄰＿路(街)＿段＿巷＿弄＿號＿樓

郵遞區號：